感谢中国政法大学青年教师学术创新团队支持计划
（批准号：21CXTD05）和“中央高校基本科研业务费专项资金”的资助

法大
法庫

# 中国农业科技体制改革赋能农业发展：理论与实践

AGRICULTURAL SCIENCE AND TECHNOLOGY SYSTEM REFORM ENABLING AGRICULTURAL DEVELOPMENT IN CHINA: THEORY AND PRACTICE

周敏丹◎著

中国政法大学出版社

2024 · 北京

**图书在版编目（CIP）数据**

中国农业科技体制改革赋能农业发展 ：理论与实践 / 周敏丹著. 北京 ：中国政法大学出版社，2024.8. -- ISBN 978-7-5764-1606-0

Ⅰ. F323.3

中国国家版本馆 CIP 数据核字第 2024028B3V 号

---

| | |
|---|---|
| 书　名 | 中国农业科技体制改革赋能农业发展:理论与实践<br>ZHONGGUO NONGYE KEJI TIZHI GAIGE FUNENG NONGYE FAZHAN:LILUN YU SHIJIAN |
| 出版者 | 中国政法大学出版社 |
| 地　址 | 北京市海淀区西土城路 25 号 |
| 邮　箱 | bianjishi07public@163.com |
| 网　址 | http://www.cuplpress.com (网络实名：中国政法大学出版社) |
| 电　话 | 010-58908466(第七编辑部) 010-58908334(邮购部) |
| 承　印 | 保定市中画美凯印刷有限公司 |
| 开　本 | 720mm×960mm　1/16 |
| 印　张 | 11.75 |
| 字　数 | 170 千字 |
| 版　次 | 2024 年 8 月第 1 版 |
| 印　次 | 2024 年 8 月第 1 次印刷 |
| 定　价 | 56.00 元 |

# 前　言

经过30多年的高速发展，中国农村经济体制改革所释放的制度红利已接近饱和，农村的经济增长、农业的现代化和农民的致富亟须发掘新的引擎。近年来，中国政府越来越重视农业科技对农村发展和农业现代化的支撑作用。2004年以来在连续多份以“三农”为主题的中央一号文件中，政府把农业科技创新摆到了更加突出的位置，并在党的十八大、十九大和二十大报告中均明确提到农业科技创新对现代农业的支撑作用，提出要实施创新驱动发展战略和乡村振兴战略。显然，用科技引领农业发展、用创新驱动农业发展的改革思路已上升为重要的国家发展战略。在创新驱动发展的顶层设计模式下，技术创新与制度创新构成促进农业发展的重要驱动力量：技术创新能够极大程度地提升农业生产力的发展层次；以农业科技体制改革为代表的制度创新，在农村经济体制改革的制度红利释放完毕后，将构成推动我国农业发展的接力引擎。

基于上述宏观背景，本研究试图回答的问题是中国农业科技体制改革通过何种渠道，以及能够在多大程度上推动中国农业的发展。本研究将农业科技体制改革、农业技术变迁和农业发展置于同一逻辑链条，以农业技术变迁为中介变量，尝试在中介效应作用机制的分析框架下，实证检验农业科技体制改革如何通过影响农业技术变迁进而影响农业发展。本研究撷取农业科研院所转制、国家科技富民强县政策等具有代表性的农业科技体制改革实践，将农业技术变迁作为中介变量，综合采用严格的实证分析、具有代表性的案例分析，力图从特定维度剖析中国农业科技体制改革影响农业发展的全程脉络。本研究主要得到了以下结论：

第一，从梳理中国农业科技体制的改革历史出发，发现中国农业科技体制的改革步伐与中国科技体制的改革进度紧密相联。同时，由于农业具有其自身的特殊性，农业科技体制的改革具有更加明显的强制性制度变迁特点，改革的顺利推进更加依赖于政府高瞻远瞩的顶层设计及相应的政策支持。

第二，以农业科研院所转制为例，从典型案例研究与计量实证分析两个维度考察了农业科研体制改革对农业技术创新的影响。案例分析表明，转制为非营利性科研机构的农业科研院所由于获得了更多的财政资金支持，在农业技术创新产出方面表现出良好的发展势头。而分类改革的主要障碍集中于农业科研院所的企业化转制方面，阻力较大的主要原因包括转企改革所需的其他配套改革没有及时跟进，以及由于一些农业科研院所的转制定位不清楚，出现了“过度企业化”的问题。计量分析表明，农业科研院所转制在整体上推动了农业专利申请数和授权数的增加，尤其体现为具有更高质量的发明专利数量的增加，这充分说明农业科研院所转制从整体上能够提高农业技术创新的质量水平。

第三，进一步考察了农业技术创新对用农业全要素生产率增长率（以下简称农业 TFP 增长）衡量的农业发展的影响。首先，基于 Malmquist DEA 方法计算了 1979—2013 年中国农业 TFP 增长率及其分解指标，发现 1979—2013 年我国农业 TFP 的（几何）平均增长率为 3.3%，且农业 TFP 的增长主要为技术进步所推动；而技术效率的提升是农业 TFP 增长的短板。其次，本研究进一步考察了农业技术创新对农业 TFP 增长的影响，发现以农业实用新型专利为代表的农业技术创新对农业 TFP 增长及农业技术效率的提升具有显著的推动作用，这在一定程度上表明农业 TFP 的创新驱动机制逐步凸显。

第四，以国家科技富民强县政策为例，考察了农业技术推广政策对以农村就业和人均农业机械动力使用量衡量的农业发展的影响。实证结果表明，以国家科技富民强县为代表的农业技术推广政策能够显著地提高人均农业机械动力的使用量，但其对农村就业没有显著的促进作用。这表明该政策是深化资本、推广技术、提高农业科技含量的一种有效途径；但由于农业科技推广政策在整体上具有节约劳动的倾向，政府在制定这类政策时，需要高度关注农村就业问题。

本研究在以下五个方面有所创新：第一，农业科技体制改革是诠释农业发展的一个新视角。本研究尝试建立农业科技体制改革、农业技术变迁及农业发展的内在关联，并基于强制性制度变迁的理论考察我国经济新常态下农业科技体制改革对农业发展的影响及其作用渠道，这将有利于解构我国农业创新驱动发展模式的制度引擎。第二，本研究借用中介效应理论分析框架，以农业技术变迁为中介变量，解构农业科技体制改革影响农业发展的作用机制，这对构建该理论分析框架具有启示意义。第三，在选取农业技术创新的衡量指标方面，本研究不仅从农业专利的申请数与授权数，还从专利的前向引用与后向引用维度对我国农业专利的质量进行了全面刻画，这在国内农业技术创新的微观度量文献方面具有一定开创性。第四，本研究以农业科研院所转制为例，将农业科研体制的分类改革这一制度变量进行量化，并实证检验农业科研院所转制对以农业专利为代表的农业技术创新的影响及其作用机制，填补了以农业科研院所转制为主题的研究中量化研究的空白。第五，本研究运用双重差分法、匹配双重差分法从因果关系的视角对国家科技富民强县这一覆盖范围广、系统性强的农业技术推广政策进行了严格的实证评估，这一研究设计在方法上对评估具有类似性质的政策也有一定的借鉴意义。

# 目 录

# 第1章

# 导　论

## 1.1 选题缘起

改革开放以来，中国农业取得了长足的发展，尤其是在改革初期家庭联产承包责任制开始实施以后，被长期束缚的农业生产力得到了极大的释放，表现出惊人的增长速度。基于这一现实背景，既有研究大多从农村经济体制改革（如农村财税和价格体制改革、土地承包经营权改革等）视角来解释我国的农业增长（胡必亮，1998，2003；林毅夫，1992a；黄少安，2005；乔榛，2006）。然而在历经了30多年的改革发展后，中国农村经济体制改革所释放的制度红利已接近饱和，农村的经济增长、农业的现代化和农民的致富亟须发掘新的接力引擎。通过梳理2004年以来的连续20份以“三农”为主题的中央一号文件[1]可以发现，中国政府越来越重视农业科技创新对农村发展和农业现代化的支撑作用。其中，2012—2017年的中央一号文件都强调要“把推进农业科技创新作为‘三农’工作的重点”[2]，政府在党的十八大报告中明确提出要实施创新驱动发展战略，在党的十九

---

〔1〕 2004年至2023年的中央一号文件连续20年锁定“三农”主题。

〔2〕 2012—2017年的中央一号文件明确指出农业科技创新对现代农业的支撑作用。

大报告中指出要“加快推进农业农村现代化”，在党的二十大报告中指出要“强化农业科技和装备支撑”。可见，用科技引领农业发展、用创新驱动农业发展的改革思路正日益上升为重要的国家发展战略。在创新驱动发展的顶层设计模式下，技术创新与制度创新构成促进农业发展的重要驱动力量：技术创新能够极大程度地提升农业生产力的发展层次；以农业科技体制改革为代表的制度创新，在农村经济体制改革的制度红利释放完毕后，将构成推动我国农业发展的接力引擎。基于上述宏观背景，本研究试图回答的问题是中国农业科技体制改革通过何种渠道，以及能够在多大程度上推动中国农业的发展。

通过系统的文献搜索，笔者发现虽然探讨农村经济体制改革影响农业发展的文献汗牛充栋，但鲜有文献从农业科技体制改革的视角来分析其对农业发展的影响及作用渠道。而从农业科技体制改革的历史来看，每一阶段的改革都对农业技术变迁产生影响，进而对农业发展产生了较大的影响。纵观近年来的中央一号文件，农业技术创新与技术推广已成为广大农村地区发展极具潜力的推动引擎，农业科技在农业发展的过程中正扮演着日益重要的角色。可见，通过农业科技体制改革所激发的技术创新活力，与农村经济体制改革所释放的经济活力一样锐不可当。然而，与家庭联产承包责任制改革所不同的是，中国的农业科技体制改革并非是一个由农民率先自发组织、实施，然后得到法律承认的诱致性制度变迁过程，而是一个由政府主导实施、推动的强制性制度变迁过程。在强制性制度变迁的过程中，政府对改革方向和改革进度的顶层设计显得尤为重要。如果改革朝着正确的方向前进，那么改革的红利就能够得到最大限度的释放，如家庭联产承包责任制改革曾经极大地激发了农民的生产积极性，推动了中国农业的增长；反之，如果改革是逆历史潮流和历史规律而行，那么改革带来的只能是巨大的灾难。

经过30多年的发展，中国的农业科技体制改革已经进入了“深水区”，依靠改革伊始“摸着石头过河”的方式来确定前进方向的改革模式已经不再适用，政府需要对改革的方向与进度进行长远规划和制度设计，规划与设计重要的依据之一就是历史的经验与教训。历史是一面镜子，政府对未来的顶层设计只有遵循历史发展的规律和基本的经济规律，不断总结失败的教训和成功的经验，才能为改革确定正确的前行方向。正是基于这样的动机，本研究梳理了中国农业科技体制的现状与改革历史，在此基础上，从理论与实证方面对改革的依据和绩效进行了分析，试图为中国农业科技体制的进一步改革、农业发展和农业现代化提供实证支撑与借鉴。

## 1.2 选题意义

### 1.2.1 理论意义

一些农业经济学家在构建农业制度变迁、技术变迁及农业发展逻辑链条方面做了非常有益的尝试。譬如，Hayami 和 Ruttan（1970）提出农业发展的诱致性技术变迁理论，将技术创新内生化，尝试找到技术变迁与农业发展的内在关联；此后，Ruttan 和 Hayami（1984）在这一基础上引入制度因素，提出了农业发展的诱致性制度创新模型，尝试建立制度变迁与农业发展的直接关联。但从整体上看，由于 Hayami 和 Ruttan 所界定的制度变迁内容丰富，既可以通过影响技术变迁，进而影响农业发展，又可以直接作用于农业发展，因此，他们勾勒的制度变迁、技术变迁对农业发展的影响路径具有多维性。本研究通过聚焦于农业科技体制改革这一特定制度变迁历程，尝试勾勒出农业科技体制改革通过影响农业技术变迁进而影响农业发展的完整逻辑链条。与此同时，与 Hayami 和 Ruttan 所强调的诱致性制度变迁不同，本研究所探讨的农业科技体制改革在现阶段具有典型的强制性制度变迁特征（林毅夫，1989）。从我国农业科技体制改革过程中政府与市场所发挥的作用来看，从1978年政府对农业科研行政干预过多，导致科技、经济“两张皮”的现象非常严重，到1985年后过度强调市场的作用，再到1992年对农业科研院所进行人员分流和结构调整，以及1999年开始实施的分类改革，政府与市场的作用并重，最后到2005年提出建立国家农业科技创新体系，强调政府在改革中顶层设计的重要性，这5个阶段的重要特征在农业科技体制改革中已经被置于由政府所主导的强制性制度变迁框架内，政府在改革过程中起到非常重要的作用。基于此，本研究在强制性制度变迁理论视角下探讨、解释中国农业科技体制的改革历程，更着重于在此基础上考察中国农业科技体制改革对农业技术变迁的影响，进而考察农业技术变迁对农业发展的影响。因此，本研究尝试以农业科技体制改革为切入点，建立农业科技体制改革、农业技术变迁与农业发展的理论分析框架，这将在一定程度上丰富制度、技术与发展理论框架的构建。

### 1.2.2 现实意义

《2008年世界银行发展报告：以农业促发展》在第6章和第7章专题论述了制度创新和科技创新对农业发展的重要性，指出过去几十年世界农业的发展主要得益于科技进步、市场化改革和对农业投入的增加（世界银行，2008）。“发展农业，一靠政策，二靠科技，三靠投入”已成为共识。我国农业正处于从传统农业向现代农业的转型时期，农业技术的创新和推广是加速实现我国农业现代化的重要推动力量。当前，我国农业科技进步贡献率和科技成果转化率仍然较低，[1]这在很大程度上制约着我国农业的发展。因此，如何进一步推动我国农业技术创新，以确保国家粮食安全和农产品的长期有效供给就成为中国农业现代化过程中亟待解决的问题。本研究以农业技术变迁为中介变量，向上溯源影响我国农业技术变迁的体制

[1] 据《农业科技发展“十二五”规划（2011—2015年）》报告，“十一五”末我国农业科技进步贡献率为52%。

制度原因，向下探索农业技术变迁对我国农业发展所产生的经济影响，试图从农业科技体制改革的角度来解释影响我国农业技术变迁以及农业向现代化转型发展的深层次机理。

## 1.3 研究主题与研究思路

### 1.3.1 研究主题及章节安排

本研究旨在考察中国农业科技体制改革如何通过农业技术变迁影响农业发展。主要结构安排如下：

第 2 章对相关概念进行了界定，对文献进行了梳理和评述，介绍了农业科技体制改革影响农业发展的作用机制以及本研究的逻辑框架。第 3 章简要梳理了我国农业科技体制改革的历史，在需求—供给分析框架下对农业科技体制改革进行了经济解释，并尝试用强制性制度变迁理论总结农业科技体制改革的制度特征。第 4 章是农业技术创新的测度，基于农业发明专利的微观数据，从专利数量、结构、增长趋势等维度对我国农业专利申请的基本特征进行了刻画，不仅从专利数量，而且着重从专利质量的维度讨论了我国农业专利的质量分布及其结构性差异。第 5 章以农业科研院所转制为例，从案例及实证两个维度分析了中国农业科研体制的分类改革对用农业专利衡量的农业技术创新的影响。第 6 章基于 1979—2013 年各省的农业投入产出面板数据，采用 Malmquist DEA 方法估算了农业 TFP 增长率及其分解指标。基于该估算结果，进一步考察了农业技术创新对农业 TFP 及其分解指标的影响。第 7 章基于 2005—2010 年的国家科技富民强县项目数据，以及 2000—2010 年的中国县（市）经济数据，利用双重差分法、匹配双重差分法考察了以国家科技富民强县专项行动计划为代表的农业技术推广政策与农村就业、农业生产方式转变之间的因果关系。第 8 章是全书的总结、政策启示、不足之处以及后续的研究展望。

### 1.3.2 研究思路

研究思路如图 1-1 所示。

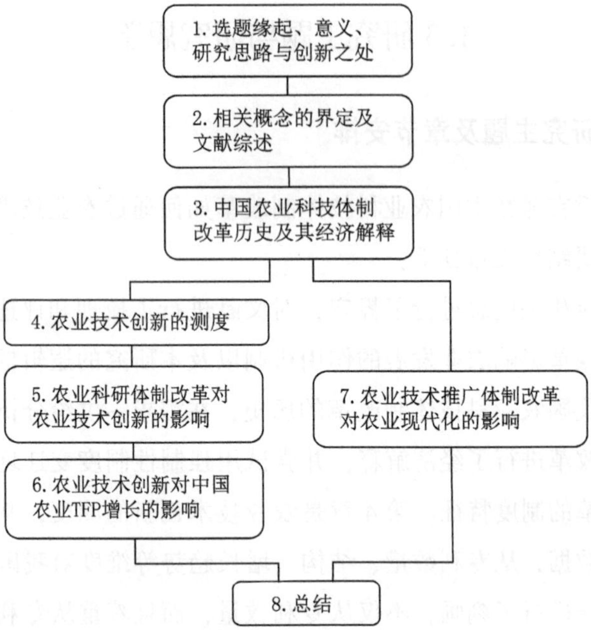


**图 1-1 研究思路**

## 1.4 创新之处

本研究在以下五个方面丰富了既有文献。

第一，农业科技体制改革是诠释农业发展的一个新视角。通过对既有文献的梳理，笔者发现，在用制度变迁理论解释中国农业发展的文献中，既有研究主要从经济体制改革的视角来诠释中国农业的快速发展，而从科技体制改革的视角解释农业发展的文献凤毛麟角。本研究尝试探索农业科技体制改革、农业技术变迁及农业发展的内在关联，并基于强制性制度变迁的理论考察我国经济新常态下农业科技体制改革对农业发展的影响及其作用渠道，这将有利于解构我国农业创新驱动发展模式的制度引擎。

第二，构建了农业科技体制改革影响农业发展的完整分析框架。在以中国农业科技体制改革为主题的研究中，大部分文献只是对农业科技体制改革历史以及自身改革绩效的评述，几乎没有研究从农业科技体制改革对农业发展的影响这一视角来理解和评价农业科技体制改革的意义。本研究借用中介效应理论分析框架，以农业技术变迁为中介变量，解构农业科技体制改革影响农业发展的作用机制，将理论分析与实证检验统一起来，这对构建该主题完整的理论分析框架具有启示意义。

第三，引用了新的微观指标度量农业技术创新。本研究通过系统提取农业专利数据，不仅从专利的申请与授权，还从专利的前向引用与后向引用维度对我国农业专利的质量进行了全面刻画，这在国内农业技术创新的微观度量文献方面具有一定开创性。

第四，在农业科研院所转制的研究中引入实证量化分析。本研究以农业科研院所转制为例，将农业科研体制的分类改革这一制度变量进行量化，并实证检验农业科研院所转制对以农业专利为代表的农业技术创新的影响和作用机制，在一定程度上填补了以农业科研体制改革和农业科研院所转制为主题的研究中量化研究的空白。

第五，从因果关系的视角评估了国家科技富民强县这一农业技术推广政策。既有文献对国家科技富民强县政策的评估大多停留在理论层面或止步于相关性分析，无法识别农业技术推广政策与农业发展之间是否具有因果关系。本研究运用双重差分法及匹配双重差分法，通过将项目数据与县域经济数据进行匹配，对国家科技富民强县政策这一覆盖范围广、系统性强的农业技术推广政策的作用效果进行了严格的实证分析，并得到了该政策与农业发展之间的因果关系。这一研究设计在方法上对评估具有类似性质的政策也有一定的借鉴意义。

# 第 2 章

# 相关概念的界定及文献综述

本研究旨在考察农业科技体制改革对农业发展产生的影响及其作用渠道。与农业经济体制改革能够直接作用于农业发展不同，农业科技体制改革对农业发展的直接促进作用并不那么显而易见，农业科技体制改革最直接的成果是农业技术变迁，因此，农业科技体制改革作用于农业发展必然主要通过农业技术变迁这一中介变量。本章首先对本研究所涉及的核心概念进行界定；其次对相关文献进行了梳理，重点介绍了农业科技体制改革影响农业发展的作用机制；最后是本研究的逻辑框架图。

## 2.1 相关概念的界定

在进行相关文献梳理前，首先对本研究涉及的三个核心概念，即农业科技体制及其改革、农业技术变迁与农业发展进行定义，以使本研究后续的讨论更为聚焦与具体。

### 2.1.1 农业科技体制及其改革

我国农业科技体制包括农业科学研究体系和农业技术推广体系。前者主要由农业科研机构、农业高等院校和农业科技型企业三大主体构成，它们主要负责农业技术的创新与研发；后者主要由政府、农业技术推广机构、农业科技型企业和农民组织共同构成，负责农业技术的推广与普及应用。中国农业科技体制改革具有以下宏观经济背景：我国的农业科技体制产生并建立于计划经济时代，其突出特点是农业科研院所的绝大部分研究资源由政府拥有并主导，因而存在科研活动与市场脱节、技术推广力度不够大等问题。在市场化改革过程中，旧的农业科技体制制度安排所产生的弊端日益明显，因而需要对其进行改革。农业科技体制改革的内容一方面体现为农业科研体制的改革，通过促进农业科研院所等科技主体的合理分工，实现科技与经济的有效耦合；另一方面体现为农业技术推广体制的改革，通过有效的政策抓手，制定和实施一系列农业技术推广政策和专项计划，加速农业技术的扩散和应用。

对农业科技体制改革进行进一步理论抽象，可知农业科技体制改革的本质为农业科技体制方面的制度变迁，且在目前阶段主要体现为强制性的制度变迁。在对农业科技体制改革进行具体研究时，可根据农业科技体制的构成将其改革分为农业科研体制改革与农业技术推广体制改革两个方面进行探讨。关于农业科研体制的改革，本研究选择了农业科研院所企业化转制这一农业科技体制改革的标志性事件为例进行重点研究，考察这一改革是如何通过影响以农业专利为代表的农业技术创新进而影响农业发展的；关于农业技术推广体制的改革，本研究选取以国家科技富民强县专项行动计划为代表的农业技术推广政策为研究对象，考察其对农业发展的影响。全文以这两个方面的改革为作为研究起点，探析其对农业发展的影响。

### 2.1.2 农业技术变迁

农业技术变迁包括农业技术创新与农业技术扩散。本研究将农业技术创新定义为与新产品的制造、新工艺过程或设备的商业应用有关的技术、设计、制造及商业活动。农业技术扩散则指农业技术创新在不同主体、不同区域之间更为广泛地被使用。

这种区分与经典的创新经济学文献具有相通之处，亦依据研究的需要做了一些调整。一则，熊彼特（Schumpeter，1912）在《经济发展理论》一书中首次提出了创新理论，他指出资本主义经济增长的主要源泉既非资本，也非劳动，而是创新，并且认为经济发展的周期性取决于创新的周期性。其后的创新经济学家（Swan，2009；Dosi and Nelson，2010）认为熊彼特对创新理论的贡献在于，他将技术变迁（technological change）划分为发明（invention）、创新（innovation）和扩散（diffusion）三个阶段。他认为，创新将技术与经济联结在一起，是将技术转化为生产力的过程；创新与发明的不同之处在于，创新是对发明的商业化运用，只有能够带来利润的发明才算是创新。熊彼特关于创新的定义，至今仍然具有重要的影响力和学术意义[1]。据此，本研究所使用的技术变迁与经典的理论定义基本一致，包括发明、创新和扩散三个阶段。二则，基于数据的可获得性及数据质量问题，本研究不能够对技术变迁进行完美测度。一是我们不能将发明与创新两个阶段进行准确区分，而主要采用农业专利数来度量农业技术创新。选择用农业专利数来代表农业技术创新除了数据可获得性原因外，还因为农业专利能够较好地体现农业技术创新成果及其产业化运用前景（Griliches，1990；Nagaoka，et al.，2010）。二是本研究不能准确刻画农业技术的扩散情况。因而，本研究无法考察农业技术推广体制改革是如何通过影响农业技术扩散来影响农业发展的；退而求其次，本研究选取了国家科技富民强县政策为例，直接评估这一农业技术推广政策的作用效果。

---

〔1〕事实上，创新的内涵经由一批伟大的经济学家如亚当·斯密（Adam Smith）、大卫·李嘉图（David Ricardo）、卡尔·马克思（Karl Marx，1848）、熊彼特（Joseph Alois Schumpeter，1912）等所做的拓展，已经发展为“包括技术变迁（technological change）及技术变迁之外的其他维度的经济变化”（Hall and Rosenberg，2010）。

### 2.1.3 农业发展

对于农业发展这一概念，学术界尚未形成统一的定义，但我们可以借用“经济发展”的内涵来对其进行定义。经济发展是指“在经济增长的基础上，一个国家或地区经济结构和社会结构持续高级化的创新过程或变化过程”。经济发展有两层要义：第一，经济数量的增长；第二，经济结构的改善和质量的提高。这一定义的重要启示在于，发展并不仅指增长，还包括经济质量和结构方面的变化。

对于农业发展，也可以类似地进行定义，即农业发展除了包括农业产量的增长，还包括农业生产方式由粗放型向集约型的转变。因此，本研究主要从以下两个方面来定义农业发展：第一，农业生产效率的提升。本研究将采用经济学研究中最为常用的农业 TFP 增长来表征农业生产效率的提升。第二，农业的现代化。它是指由传统农业向现代农业转化的过程和手段。农业现代化的过程伴随着农业生产的机械化、产业化、科学化和信息化。机械化主要表现为农业生产中农业机械使用量的增加，而产业化则伴随着农村剩余劳动力向城镇的转移，农业就业人口的减少。由于数据获取以及指标选取的困难，本研究主要选取人均农业机械动力使用量代表农业机械化程度，选取乡村从业人员数代表农业就业人口，用这两个指标共同作为农业现代化的度量。

本研究旨在考察农业科技体制改革通过影响农业技术变迁，进而影响农业发展。撇开农业的特殊性，本研究实际上是在回答一个更为广义的问题，即科技体制方面的制度变迁是如何通过影响技术变迁进而影响经济发展的。为了揭示这一种更为抽象的规律性，本研究接下来先从一般意义上介绍有关于制度变迁、技术变迁及两者关系的文献，然后再由抽象到具体，加入该研究议题的农业特质，阐释与本研究更为紧密的、有关于农业科技体制改革、农业技术变迁及农业发展的文献。

## 2.2 制度变迁、技术变迁及两者关联

### 2.2.1 制度变迁理论

基于制度的诸多优点，如降低交易费用（科斯，1937），帮助人们形成合理预期、减少不确定性及机会主义行为以及将外部性收益内部化（诺斯，1994，1999），制度经济学家们充分强调建立与完善制度对于经济发展的重要性，即进行制度变迁。这种制度变迁一方面包括建立非正式约束（包括道德约束、禁忌、习惯、传统和行为准则），另一方面包括建立正式的法规（宪法、法令、产权）。

制度变迁理论由新制度经济学家道格拉斯·诺思（D. North）、兰斯·戴维斯（L. Davis）和罗伯特·托马斯（R. Thomas）共同提出。他们将制度经济学与熊彼特的创新理论相结合，认为技术变迁对经济发展的作用虽然重要，但一种能够提供个人刺激的有效的制度才是经济发展最终的决定因素。对制度变迁何以发生的理论探讨可以从制度变迁的需求与制度变迁的供给两个方面展开。

制度变迁的需求方面。新制度经济学的鼻祖罗纳德·哈里·科斯（Ronald H. Coase，1937）在他的代表作《企业的性质》中开创性地提出了交易成本的概念，并用它解释了生产的制度结构，将制度分析正式纳入经济学的分析框架之中。其后的许多新制度经济学家借用交易成本来解释对制度变迁的需求，认为交易成本的高低直接决定了对制度变迁的需求强度，进一步决定了制度变迁能否发生。诺思（1990）则将技术变迁与制度变迁都视为“创新的过程”，认为制度变迁是为降低交易成本而发生，而技术变迁是为降低生产成本而产生；并且只有在制度变迁的预期净收益大于制度变迁的预期成本时，它才有可能发生。舒尔茨（Schultz，1968）对

制度变迁从人力资本的角度做出了解释，他认为对制度变迁的需求是由于人的经济价值不断提高所引致的。拉坦和速水佑次郎（Ruttan and Hayami，1984）在他们创立的诱致性技术变迁（induced technological change）理论的基础上，进一步提出了诱致性制度创新理论（induced institutional innovation），认为对制度创新（institutional innovation）的需求是由相对资源禀赋和技术变迁所引致的。他们从农业发展史的视角论述了资源禀赋的改变和技术变迁怎样引致了私人产权和非市场制度的变迁。值得一提的是，拉坦和速水佑次郎对于制度创新需求的观点与马克思（1913）的看法相似，马克思认为当社会发展到某一阶段，既有生产关系会阻碍生产力的进一步发展，这时就需要社会变革。与马克思的观点不同的是：第一，拉坦和速水佑次郎认为资源禀赋与生产力一样对制度创新也很重要；第二，拉坦与速水佑次郎所说的制度创新除了指马克思所说的社会结构的革命性变革外，还包括一些具体制度的边际上的改变，如产权制度的确立、契约关系的变更等。因此，他们对制度创新的定义与戴维斯和诺思（1971）定义的制度变迁（institutional change）更加接近。

制度变迁的供给方面。拉坦和速水佑次郎（1984）把制度创新视为经济发展的内生变量，指出制度创新的供给受到为达成社会一致所需付出的成本的影响；制度创新的成本有多高一方面取决于该社会既得利益集团之间的权力结构，另一方面取决于该社会的文化传统和意识形态；他们认为知识的发展以及文化禀赋的改善能够减少制度创新的成本。此后，拉坦（2006）提出了一个解释诱致性制度创新理论的模型，认为诱致性制度创新是由文化禀赋、资源禀赋和技术变迁共同引致的；同时，他还强调了社会科学知识的进步是引致制度创新的重要力量。林毅夫（1989）在诱致性制度创新理论的基础上进一步提出了强制性制度变迁（imposed institutional change）理论。他指出，由于制度变迁一旦被引入，就成为一种公共物品，由此导致诱致性制度创新供给不足的问题，因此需要政府通过命令和法令强制性地实施，但强制性制度变迁要取得预期效果必须以诱致性制度创新的内在需求作为前提。林毅夫（1989）在文中交替使用“制度变迁”（institutional change）与“制度创新”（institutional innovation）这两个术语，他认为：“对现存制度的修正其实也是一种创新活动，而采纳所创新出来的新制度也一定要改变旧的制度。”现为便于理解，本研究在文中也交替使用这两个术语。

### 2.2.2 技术变迁理论

在回顾这部分文献前，首先需要指出的一点是，相较于技术创新（technological innovation）的表述，当时的经济学家更加偏好于用“技术变迁”（technological change）一词来解释经济的长期增长，而此时的技术变迁更多地指代技术创新本身，并未包含技术的扩散环节。经济学家之所以更加偏好使用“技术变迁”一词，一方面是因为技术变迁可被视为渐进的、连续的变量，而“技术创新”则不能，因此，技术变迁可以被当成技术创新的宏观积累效应（李保红，2010）；另一方面是因为技术创新对经济增长的作用必须经过技术扩散这一必要环节才能得到充分发挥（柳卸林，2014）。在熊彼特之后，对技术变迁的研究曾一度被排挤在主流经济学的研究范畴之外，以新古典学派为主导的经济学理论最初一直把技术视为外生变量。直到20世纪50年代之后，Solow（1956，1957）首次将熊彼特的创新理论与新古典经济学的研究方法结合起来，把技术作为生产要素引进柯布-道格拉斯生产函数，建立了索洛模型，并用技术变迁解释了经济增长的“水平效应”。至此，技术变迁才首次登上主流经济学的舞台。但此时，技术变迁的重要作用并未马上被主流经济学家认同，然而随着第三次技术革命的不断深入发展，技术变迁的重要性为越来越多的经济学家所证实（Arrow，1962；Romer，1986）。Solow（1956，1957）虽然将技术进步引入了经济增长的分析，但他并未打开技术进步这个“黑箱”，而只是简单地把经济的“剩余”归结为技术进步的原因。其后一些经济学家通过对技术进步进行测算，试图打开技术进步的“黑箱”。丹尼森和郑宇景（Denison and Chung，1976）通过将经济增长归因于不同的生产要素（如劳动、资本和全要素生产率），运用增长核算法（Growth Accounting）依次测算了各要素对经济增长的贡献程度，其中，他将全要素生产率又细分为知识进步及其他、改善资源配置和规模经济三类，知识进步即被视为狭义的技术进步。该法的缺陷是仍然没能够对技术进步的贡献进行直接衡量。范宗（Zon，1991）运用“同期模型”（Vintage Model）测度了体现在新机器运用中的技术进步对经济增长的贡献。美国经济学家保罗·罗默（Paul M. Romer，1986）在 Solow（1956）的基础上进一步将技术内生化，提出技术变迁的内生经济增长模型，技术变迁由此进入了主流经济学模型。随着技术变迁对经济增长发挥日益重要的作用，对技术变迁的研究日益深入，研究视角开始由技术创新本身转向对技术的扩散与推广。学者们认为创新技术的使用能够提高生产效率，或以相同的成本生产数量更多、品质更高的产品，或能够用更低的成本来生产相同质量的产品。而技术的扩散与推广使用则将技术变迁在时间与空间维度上进行扩展，从而引发技术创新的“乘数效应”，能够成倍地扩大市场和增加利润（Mansfield et al.，1984）。

### 2.2.3 制度变迁与技术变迁的内在关联

前两小节的分析表明，技术变迁与制度变迁是作为两种独立的变迁力量存在的，而一些学者试图进一步分析两者的内在关联，进而产生了技术决定论、制度决定论及协同演化论三种不同的观点。

第一种观点是技术决定论。凡勃伦（Veblen，1921）作为制度主义学派的代表人物之一，认为技术创新对制度创新具有决定性作用。凡勃伦（1921）在其著作《工程师与价格制度》中指出，技术是社会变迁的动力。

凡勃伦的技术决定论主要包含三个要点：制度是应对物质环境的刺激（技术变迁）时的一种思维习惯方式，它会随物质环境（技术）的变化而变化；技术的发展日新月异，而制度则是过去环境变化的产物，因此制度变迁的步伐总是滞后于技术变迁的速度；制度具有惯性，只有在受到物质环境变化（技术变迁）的压力时才会做出改变。虽然凡勃伦强调技术变迁的决定性作用，但他也承认制度变迁对技术变迁具有积极作用。凡勃伦的追随者阿里斯（Ayres）则是比他更彻底的技术决定论者，阿里斯认为制度是静止的，因而它只会阻碍技术的进步。在《资本论》中，马克思从哲学的角度分析了技术变迁与制度变迁的辩证关系。他把技术变迁表述为生产力的发展，把制度变迁表述为生产关系的发展。马克思认为“生产力决定生产关系，生产关系反作用于生产力”。其折射出来的含义在于，一方面技术变迁对生产关系和社会发展具有决定性作用，另一方面制度变迁对技术变迁也具有能动的反作用，当旧的制度不适应生产力和科技水平的发展时，需要进行相应的制度创新。拉坦和速水佑次郎（1984）在诱致性技术变迁理论的基础上，进一步将制度内生化，提出了诱致性制度创新理论。他们认为，技术变迁和制度创新都是内生于经济系统的，制度创新是由相对资源禀赋的变化、市场需求的变化以及技术变迁引致的。因此，他们认为技术变迁才是具有决定性作用的因素。

第二种观点为制度决定论。新制度经济学家强调制度的重要性，他们认为制度在以下两个方面起了关键作用：一方面，在现实世界中，资源配置的过程并非如新古典经济学家所假设的那样毫无摩擦，而是受到各种利益集团的干扰，这些干扰会影响资源配置的效率，使其无法达到最优状态；好的制度可以降低资源配置过程中的交易成本，提高资源的配置效率。另一方面，一种好的制度能够提供有效的个人激励，鼓励创新行为的发生，从而推动技术的发展。关于制度变迁与技术变迁的关系方面，他们认为制度变迁决定技术变迁，好的制度（如有效的产权制度）能够促进技术的进步，而坏的制度会阻碍技术的发展（North et al.，1970；吴敬琏，1999）。同时，他们也承认技术变迁对制度变迁的反作用，认为技术变迁在增加制度创新潜在利润的同时，也降低了制度创新的执行成本。

第三种观点是协同演化论。以纳尔逊（Nelson）为代表的演化经济学家认为技术与制度之间存在一种协同演化的关系，他们强调技术与制度之间的双向因果联系（Nelson and Winter，1982），一方面肯定制度变迁对技术变迁的强大推动力，如国家正式的科技政策对技术变迁的直接促进作用，国家非正式制度对发展创新意识进而技术变迁的影响；另一方面肯定技术变迁对制度变迁的拉动作用，即技术变迁增加了对制度变迁的现实需求。从长期的技术、制度发展史来看，技术变迁与制度变迁往往存在并行关系，体现出制度变迁一方面顺应了技术变迁的要求，另一方面进一步推动了后续的技术变迁。协同演化论的观点不同于技术决定论和制度决定论的线性思维方式，而是采用非线性的演化思维。他们同时指出，在协同演化的过程中，可能会出现许多不同的演化模式和演化结果。

### 2.2.4 对文献的评述

上述三种不同的观点，旨在探寻哪一种变迁才是最为根本的驱动力量。这种探讨充分体现了学术探究的深刻之处。笔者认为，制度变迁与技术变迁谁为最根本的驱动力量需要置于不同的国家、不同的时间段以及不同的产业中进行具体讨论。由于我国经济具有典型的过渡经济特征，政府在经济改革过程中发挥着非常重要的作用。从经济引领的角度来看，以科技体制改革为代表的制度变迁对生产力的发展具有重要的激励作用，从这个角度来看，制度变迁在很大程度上决定了技术变迁；与此同时，一项适宜的科技体制改革，应充分结合既有技术水平而适时提出，从这个意义上看，技术变迁又决定了制度变迁。笔者充分意识到这种双向关系的复杂性与丰富性，但为了增强研究的聚焦性，本研究主要考察以农业科技体制改革为代表的制度变迁对农业技术变迁的影响。除了研究聚焦的考虑，笔者还考虑我国农业科技体制改革在目前阶段更加具有顶层设计的特征，即更具有强制性制度变迁色彩，它在较短时期内比农业技术变迁具有更强的外生性特征；同时，本研究后续的实证研究也尝试揭示农业科技体制改革对农业技术变迁及农业发展的影响的因果关系，这一尝试为研究制度变迁对技术变迁的影响提供了一个独特的拟“自然实验”环境。

## 2.3 农业制度变迁、技术变迁影响农业发展的文献

本节将研究视角进一步聚焦于农业，旨在梳理有关农业制度变迁、农业技术变迁影响农业发展的文献。其中，对农业制度变迁部分的论述涉及农业经济体制改革与农业科技体制改革两部分，且后者为论述重点；遵循上文定义，本部分的技术变迁同样包括技术创新与技术推广两部分，故将两者对农业发展的影响分而述之。

### 2.3.1 农业制度变迁影响农业发展的文献

已有的大量研究主要从经济制度、经济体制改革的视角考察制度变迁对我国农业发展的影响。譬如，Fan（1997）发现尽管20世纪六七十年代广泛使用了现代品种，对要素的投入也更为密集，该时期中国农村的全要素生产率比20世纪50年代的水平低，这种现象一直持续到1979年农村家庭联产承包责任制改革。Lin（1990）对这一现象的解释是全要素生产率在1952—1958年的增长是由于在互助组、初级社和高级社中社员的退出权受到了尊重，1979年之后的增长是因为耕作制度从强制性的集体化劳动转变成了家庭联产承包责任制；而从1958年开始实施的人民公社制度剥夺了社员的自由退社的权利，将集体劳动的性质从重复博弈变成了一次性博弈，导致激励结构发生改变，“囚徒困境”的结局不可避免。由此说明，

只有先进的技术而没有好的制度，农业发展也会受到影响。从某种程度上说，不好的制度会抑制技术的进步和推广，从而影响到农业生产率的提高。黄少安等（2005）利用 1949—1978 年中国的省级面板数据发现，不同的土地产权制度会导致不同的生产要素投入量，从而得到不同的农业总产出。乔榛等（2006）利用 1978—2004 年中国的省级面板数据进一步发现，除土地产权制度外，农村推行的价格、财税等经济制度的不同也会影响农民的生产积极性，进而影响农业增长。据此，他们认为制度变迁是改革开放后影响中国农业发展的决定性因素。

一些学者尝试以中国农业科技体制改革为切入点，考察制度变迁对农业发展的影响。但从整体上看，这些研究主要聚焦于探讨农业科技体制改革本身，并没有拓展至其对技术变迁进而对经济发展影响的探讨。譬如，牛若峰等（1995）认为农业科研体制的改革实际上是一系列制度安排的改变，这种改变能够改善农业科研体系的运行机制和整体功能。同时，农业科技体制改革也具有不同于一般科技体制改革的自身特征。如朱希刚等（1994）认为农业科学研究的周期比较长，农业科研体制的调整将在未来很长一段时间内对农业生产力的增长起决定作用，因此农业科研体制的调整“是一种战略选择而非权宜之计”；政府对农业科研体制的改革应当选择含有市场机制的行政协调模式；同时应当加强对农业科研的资助力度，拓宽农业科研的经费来源。而一些学者通过研究国外农业科研体制的类型及其特征后发现，尽管社会体制不同，但各国政府都将农业科研机构视为特殊的研究部门，政府直接建立的农业科研机构在全国农业科研体系中占据主导地位，这是因为农业科研关系到国计民生和粮食安全，具有较强的公益性质，不可能主要依靠农业企业和私人农场主来投入和兴办（信乃诠等，2006）。

少数研究讨论了农业科技体制改革对农业技术变迁的影响。譬如，曾福生和匡远配（2002）指出农业科技体制改革的深化对农业技术进步意义深远，因为现行的农业科技体制不利于农业的技术创新。虽然他们提到了农业科技体制改革与农业技术创新之间的关系，但并未对农业科技体制改革如何以及在多大程度上促进农业的技术创新给出具体论述及定量研究。

从总体上看，现有文献中较少有学者直接讨论农业科技体制改革对农业发展的影响，一个重要的原因在于缺乏作用机制的分析，即农业科技体制改革通过怎样的渠道对农业发展产生影响。本研究认为一个重要的渠道是技术变迁，即农业科技体制改革推动了农业技术变迁，如促进了更多技术创新成果的产生，更大程度上推动和提高了技术扩散的速度，进而对农业发展产生影响。因此，笔者在该部分梳理的农业科技体制改革对农业技术变迁影响的文献实际上分析了中介作用机制的第一个环节，而并未将其贯彻到最终的农业发展绩效。而下文对农业技术变迁影响农业发展的文献梳理，则能够在很大程度上弥合贯穿从农业科技体制改革到农业发展的逻辑链条。

### 2.3.2 农业技术变迁影响农业发展的文献

#### 2.3.2.1 农业技术创新影响农业发展的文献

一些研究注意到了农业技术创新的特殊性。农业技术创新在许多方面与通常意义上的技术创新具有相似的性质，但由于农业本身是个比较特殊的产业，因此农业技术创新也具有一些重要的自身特征。与制造业、服务业的技术创新不同，农业技术创新具有一定程度的地理依赖性，农业技术的适用性取决于气候变化、土壤类型、地形地貌、纬度、海拔高度以及和市场距离的远近；同时，由农业的生物学特性所导致的农业技术创新的空间溢出性，以及由于对抗害虫、瘟疫及自然灾害引发的对农产品保护技术的创新需求，也使得农业技术创新在很多方面不同于一般的技术创新。因此，农业的这些特性导致科学家在该领域进行技术创新的动力比那些集聚程度相对更大的产业要小得多（Pardey et al.，2010）。这也是农业技术创新需要政府通过科技体制改革进行强制推动的原因。

有关农业技术创新影响因素的研究，最初可以溯源到厂商理论的发展。厂商理论有两个分支，第一个分支是 Schmookler-Griliches 假说，强调市场需求在技术创新中的诱致性作用。Griliches（1957）研究了市场需求在美国杂交玉米技术的发明和推广过程中发挥的重要作用。Schmookler（1966）通过对美国专利数据的研究发现，对经济利润的追求才是诱致发明（invention）产生的主要原因。厂商理论的另一个分支是 Hicks-Hayami-Ruttan-Binswanger 假说。这一分支又可分为两个阶段，第一阶段是 Hicks-Ahmad-Binswanger 的诱致性技术创新理论。Hicks（1963）将发明区分为诱致性发明（induced invention）与自发性发明（autonomous invention），认为诱致性发明是由要素价格的相对变化所引起，但他并未分析相对要素价格变化诱致发明的具体作用机制。Ahmad（1966）在此基础上构建了诱致性发明理论（the theory of induced invention）的分析框架。Binswanger（1974a；1978）在他们的基础上进一步建立数学模型，解释了诱致性技术创新（induced innovation）理论的微观基础。Hicks-Hayami-Ruttan-Binswanger 假说的第二阶段，是由农业经济学家拉坦和速水佑次郎（Ruttan and Hayami，1970）提出的诱致性技术创新理论。他们认为要素禀赋和相对要素价格的变化会使得技术朝着节约稀缺型要素的方向进步，如美国的机械化技术创新（mechanical innovation）和日本的生化性技术创新（biological innovation），这样的技术变迁路径称为诱致性技术创新。他们用美国和日本的经验数据证实了诱致性技术创新对农业产出的增加和农业生产率的提高具有显著的影响。

在关于农业技术创新效果测算的研究中，Alston 和 Pardey（2001）认为在科研活动中，很难准确衡量某一产品生产率的提高应当归功于具体哪一项研究、哪一个研究团体，或者从何时开始生效的；同样地，Pardey 等研究者（2010）指出测算农业科研效果的两个难点在于研究时滞（从最初的科研投入到该项投入生效的时间间隔）的确定以及对知识和技术的空间溢出的处理。既有文献围绕这两个问题展开了研究，在有关农业研发的文献中，研究时滞的问题也备受关注。

国内关于农业技术创新影响农业发展的研究中，一些学者利用我国的数据发现，增加农业科技投入确实能够推动农业经济的增长（钱克明等，1997）。黄季焜（2003）研究发现，在所有有关农业的公共品投资中，农业科研投资对农业生产力提高的作用是最大的。樊胜根和钱克明（2005）也发现，在控制了投入品的质量和投入时期等变量后，农业科研投入呈现边际报酬递增的现象。同时，也有学者发现，我国农业科技投入与农业产出之间的正相关性显著程度不高（赵芝俊和张社梅，2005）。这或许从一定程度上说明，农业科技投入与农业发展之间并不具有必然联系，如果农业科技投入不能有效地转化为农业科研产出（如农业专利等），或者农业科研成果不能很好地进行推广和产业化，那么农业科研投入对农业的增长促进作用将会是有限的。

另外，有学者对中国农业的技术进步贡献率进行了测算，并用统计数据检验了农业技术进步与农业增长之间到底具有何种相关性。例如，顾焕章和王培志（1994）利用农业边界生产函数模型测算了我国“七五”时期的农业技术进步率和农业技术进步贡献率，发现在用修正的最小二乘法和极大似然法估计时的农业技术进步率分别为 1.52%和 1.49%，农业技术进步贡献率分别为 33.7%和 33.0%。朱希刚（1997）利用增长速度方程测算了我国“一五”到“八五”时期的农业技术进步贡献率，结果表明该时期内的农业技术进步贡献率呈 U 形趋势。赵芝俊和袁开智（2009）利用 1985—2005 年中国 30 个省份的面板数据，采用超越对数随机前沿模型，测算了我国的农业技术进步贡献率，发现技术进步是推动我国农业增长的主要源泉。朱希刚（2002）进一步测算了我国“九五”期间的农业科技进步贡献率，发现 1995—2000 年的农业科技进步贡献率年均达到 45%，其中种植业的科技进步贡献率为 42%。与朱希刚（1997，2002）等学者的测算结果相比，赵芝俊和袁开智（2009）测算的农业技术进步贡献率更高。

2.3.2.2 农业技术扩散影响农业发展的文献

在经济学家定义的技术变迁三阶段中，技术扩散（diffusion）是指一项新技术由最初的使用者向其他人群扩散和传播的过程。农业技术扩散不同于一般的技术扩散，一方面，由于农业技术的使用主要是由农民进行露天的田间耕种，技术更容易被相邻的技术需求者模仿，农业技术的溢出效应更强；另一方面，农业技术的扩散会受到地形地貌、区域位置、气候等自然因素的影响，技术溢出和传播也存在一定的空间局限性。

大量学者讨论了影响农业技术扩散的主要因素。如 Rogers（1983）从“系统归因”（system-blame）和“个体归因”（individual-blame）的角度来解释农业技术扩散的原因。“系统归因”是指从整个社会系统来寻找技术扩散的原因，“个体归因”则将技术扩散主要归因于农民个人。按照 Rogers（1983）的分类，以下研究都是从“系统归因”的角度来解释农业技术扩散原因的。Hayami（1973）认为，农业技术扩散需要满足两个基本条件：第一，该项农业技术是否能够适应当地的环境；第二，技术扩散地与技术发源地的环境是否能够进行同化，即以“人为环境”作为补充。他以亚洲为例，说明了日本的明治维新为农业技术创新及扩散创造了良好的制度环境和投资环境；并进一步论述，尽管要素禀赋和气候条件不同，但通过灌溉和排水系统的建设，日本的高产品种技术扩散到了韩国等国家及地区。Evenson（1974）强调了国际间技术转移和扩散容易受气候条件和农业研发体制的影响。黄季焜等（2009）回顾了中国农业技术推广体系 30 年的改革与发展历程，发现仍存在如基层技术推广体系职能定位不清、缺乏激励、投入不足、难以适应农户的多元化技术需求和技术推广人员能力偏低等一系列问题，这些问题都影响了农业技术的有效扩散和推广。他们认为导致上述问题的深层原因在于对农业技术推广的职能定位不清和公益性职能认识不足。下述文献则主要从“个体归因”的角度来分析农业技术扩散的影响因素。如 Lin（1991）的研究表明，农户的教育水平对农户采用杂交种子的密度有正向的影响。Shampine（1998）指出农民之间的相互学习会影响技术扩散的速度。Conle 和 Udry（2001）发现农民会关注其邻居对新技术的采用情况，因此网络式的社会学习会影响对新技术的采用。Fuglie 和 Kascak（2001）认为农民的教育程度、农场规模以及土地质量会影响技术扩散的程度。Olmstead 和 Rhode（2001）发现农场规模对农用拖拉机在美国的扩散具有重要影响。Abdulai 和 Huffman（2005）用坦桑尼亚的数据发现农民与其他使用者的临近程度、受教育程度、获得贷款的机会以及与其他代理人的联系会正向影响农民对杂交牛技术的采用。Useche 等研究者（2009）用美国的数据发现农民的异质性（主要是受教育程度的不同）会影响技术的扩散。

近期的文献越来越多地关注农业技术的空间溢出性问题，某地的一项农业技术创新可能也会外溢到其他地方，并对技术传递者和技术接受者都产生影响。Griliches（1957）对杂交玉米技术的产生和推广的分析开启了经济学对农业技术扩散及其空间溢出的研究。该研究阐释了一项重要的生物技术革新在地理上的空间溢出效应，以及在这个过程中联邦、州实验室和私人公司所发挥的作用。也有一些研究试图用回归方法评估农业研究对农业生产率的总体影响，如 Huffman 和 Evenson（1993）发现，从美国州立试验站的研究中所获得的利润，有很大比例（达到 45%）来自州际的技术溢出。然而，一些基于单个州层面的研究认为一个州的农业技术创新只对那些具有相似地理特征的其他州有溢出效应。

值得一提的是，农业技术推广与技术扩散在概念上存在差别，但与本研究更为密切的是技术推广。技术扩散没有明确的目标和目的，是新技术传播的客观过程；而技术推广是一种有明确目的和有组织的行为，更强调人在技术传播过程中的主观能动性。技术推广能够加快技术扩散的速度，技术扩散是技术推广的结果，并且技术推广在技术扩散的过程中起主导作用。因此，相较于技术扩散，技术推广这一表达更能体现政府在农业科技体制改革过程中的强制性制度变迁特征。在有关农业技术推广的研究中，现存文献主要分为三类：第一类是有关农业技术推广体系和制度本身的研究（Dinar，1996；黄季焜等，2009；孔祥智和楼栋，2012），如农业技术推广体系的模式、现状以及存在的问题等。第二类是有关农业技术推广政策对人的行为的影响（Feder and Slade，1984；Chapman and Tripp，2003；Goletti et al.，2007），如农业科技特派员技术推广行为的影响以及其对农户技术选择行为的影响等。第三类是以具体的某一项农业技术推广政策为例，研究该政策的运行机制、实施效果等，如对星火计划、国家科技富民强县专项行动计划、农业科技特派员制度等农业技术推广政策的研究（林涛等，2009；许奇峰和张雨，2010；傅新红等，2010）。本研究第 7 章对农业技术推广的研究属于第三类文献，选取了国家科技富民强县专项行动计划这一涉及面很广的农业技术推广政策为例，研究其对农村就业和农业机械动力使用量的影响。

### 2.3.3 对文献的评述

通过系统的文献梳理，笔者发现，既有文献大多仅基于农业制度变迁或农业技术变迁的角度研究它们与农业发展之间的关系；但实际上，研究有关农业科技体制改革对农业发展的影响，农业技术变迁是其发挥作用的主要渠道。因此，本研究致力于将农业科技体制改革、农业技术变迁与农业发展置于同一分析框架，从制度变迁的视角分析农业科技体制改革影响农业发展的作用机制。当然，笔者并不否认三者之间可能具有的内生性问题，但是，一则，现阶段农业科技体制改革的强制性制度变迁特征能够从一定程度上增强本研究核心变量的外生性；二则，笔者在实证分析的过程中也试图通过能控制个体特征的固定效应模型、匹配双重差分法等计量工具来解决或减轻内生性问题的影响。从既有文献的研究进展来看，本研究试图建立农业科技体制改革、农业技术变迁与农业发展之间内在关联的理论尝试，在研究设计和研究结论方面在具有类似主题的研究中具有一定的开创性。

## 2.4 农业科技体制改革影响农业发展的作用机制分析框架

### 2.4.1 对中介效应作用机制检验方法的说明

本研究试图通过农业技术变迁这一中介变量考察农业科技体制改革对农业发展的影响。理想状态下，可以通过严格的实证方法来进行验证，即将农业科技体制改革作为驱动变量，农业技术变迁作为中介变量，农业发展作为最终绩效变量。根据 Baron 和 Kenny（1986）的定义，中介变量是指那些能够作为自变量影响因变量的中间渠道、能够代表自变量影响因变量的产生机制（generative mechanism）的变量。为了正式检验农业技术变迁的中介效应作用机制，本研究依 Baron 和 Kenny（1986）提供的程序进行检验。具体的检验过程如下：

检验中介效应的存在性，可以分为三步。在控制一些基本变量（如时间、个体固定效应）后，进行如下回归：第一，中介变量（农业技术变迁）对基本自变量（农业科技体制改革）进行回归；第二，因变量（农业发展）对基本自变量进行回归；第三，因变量对基本自变量及中介变量回归。基于上述三步回归，建立中介关系需要满足三个条件：（1）基本自变量要显著影响中介变量；（2）基本自变量要显著影响因变量；（3）中介变量要显著影响因变量。如果上述三个条件满足，需要进一步对比第二步回归与第三步回归中基本自变量的回归系数大小及显著性来确认中介效应存在与否。如果基本自变量的回归系数在第三步回归中要小于第二步回归，表明存在部分中介效应，原因在于基本自变量对因变量的作用效果部分为中介变量所吸收；进一步，如果在第三步回归中基本自变量变得不显著，则表明存在完全中介效应（尹志锋等，2013）。基于上述三步程序提供的基本思想，在面板数据可获得的情况下，可以设定如下回归模型。

$$TECH_{it} = F_1(S\&T_{it},\ X_{it},\ a_i,\ t) + \varepsilon_{it_1} \quad (2-1)$$

$$DEP_{it} = F_2(S\&T_{it},\ Z_{it},\ a_i,\ t) + \varepsilon_{it_2} \quad (2-2)$$

$$DEP_{it} = F_3(S\&T_{it},\ TECH_{it},\ M_{it},\ a_i,\ t) + \varepsilon_{it_3} \quad (2-3)$$

其中，*TECH* 表示农业技术变迁；*S&T* 表示农业科技体制改革的变量；*DEP* 表示农业发展变量；*X*、*Z* 及 *M* 表示在不同模型设定下的基本控制变量；$a$ 和 $t$ 表示时间和个体固定效应；$F_i$（$i=1$，2，3）表示不同模型设定情况下的回归函数。方程（2-1）考察农业科技体制改革对农业技术变迁的影响；方程（2-2）考察农业技术变迁对于农业发展的总的影响（totoal effect）；方程（2-3）考察在控制中介变量（农业技术变迁）的前提下，农业科技体制改革对农业发展的“残余影响”。我们可以对比方程（2-2）和方程（2-3）中农业科技体制改革变量系数的相对大小及显著性差异，来综合判断中介效应是否存在，以及是否存在完全的中介效应。

需要说明的是，由于本研究所考察的制度变量难以精确衡量，且由于各部分的数据来源存在差异，本研究很难在这一框架下严格检验这种中介效应存在与否及其大小，但本研究可以分析整个验证体系的几个核心环节，如验证方程（2-1），即考察农业科技体制改革对农业技术变迁的影响；亦可以检验类似于方程（2-3）的模型设定，但在这种情况下，本研究不能很好地控制农业科技体制改革变量（尤其是在技术推广部分），而仅粗略地考察农业技术变迁对农业发展的影响。

### 2.4.2 中介效应作用机制方法在本研究中的运用

中国的农业科技体制改革实际上是一种强制性制度变迁的过程，与农业经济体制改革不同，农业科技体制改革作用于农业发展必须主要经由农业技术变迁这一环节，本研究尝试借用中介效应作用机制方法来分析农业科技体制改革、农业技术变迁，农业发展三者之间的作用链条。但受限于数据的可得性，以及制度改革变量难以进行量化，本研究所检验的农业技术变迁的中介效应作用机制与上述方法和路径并不完全相同，主要分为以下两个步骤进行。

第一步，考察农业科技体制改革对农业技术变迁的影响。经济学家将技术变迁的过程划分为三个阶段，发明（invention）、创新（innovation）与扩散（diffusion），而发明仅指新思想的诞生，不涉及商业化运用，因此，笔者将研究的视角聚焦到创新与扩散两个方面。农业科技体制改革影响农业技术变迁的作用机制可以分为以下两个方面：首先，通过改革农业科研体制，如提高科研机构的研发激励及其与市场的接轨程度，能够增加农业技术创新的成果，如农业专利等；其次，通过改革农业技术推广体系，如制定一系列农业技术推广政策和科技计划，能够加速农业技术创新成果的扩散和普及。对于第一个方面，本研究将在第 5 章以农业科研院所转制为例，考察转制对以农业专利衡量的农业技术创新的影响。而对于第二个方面，由于数据获取方面的困难，本研究无法直接实现这种作用机制的检验，退而求其次，本研究尝试在第 7 章以国家科技富民强县政策为例，直接检验该农业技术推广政策对于农业现代化的影响。

第二步，考察农业技术变迁对农业发展的影响。在农业科技体制改革能够显著增加农业技术创新成果（如农业专利）的情况下，本研究继续考察农业技术创新成果的增加是否会显著影响农业发展，本研究将在第 6 章考察以农业专利刻画的农业技术创新对以农业 TFP 增长率刻画的农业发展的影响。尽管本研究并不能明确区分这种作用机制是完全中介效应还是部分中介效应，但是如果结论显著，则从一定程度上说明，以农业科研院所转制为代表的农业科研体制改革的确通过农业技术创新影响了农业 TFP 增长。在农业技术推广方面，本研究将在第 7 章，以国家科技富民强县专项行动计划这一农业技术推广政策为例，直接分析农业技术推广对农业机械使用量和农村就业的影响。图 2-1 的下半部分总结了以上各个章节的分析流程，亦构成本研究的逻辑框架图（conceptual framework）[1]，如图 2-1 所示。

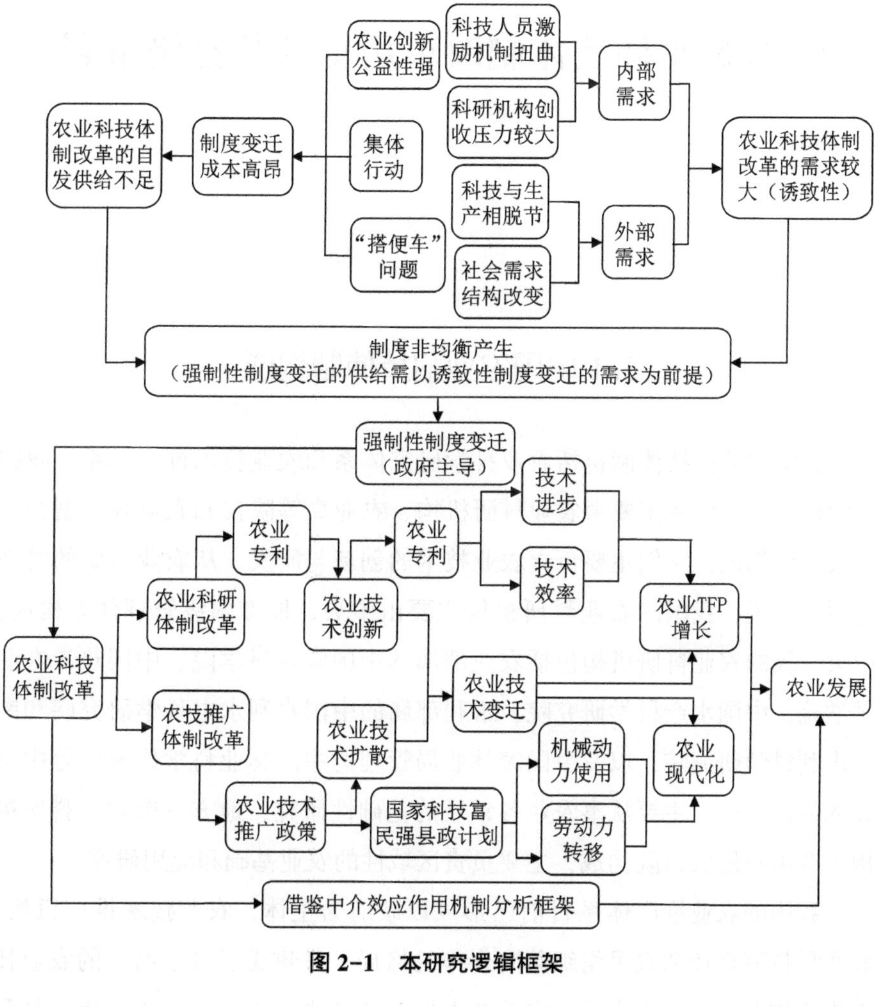


**图 2-1　本研究逻辑框架**

〔1〕该图的上半部分旨在分析我国农业科技体制改革的强制性制度变迁特征，详细分析请参见第 3 章的内容。

# 第3章

# 中国农业科技体制改革历史及其经济解释

## 3.1 中国农业科技体制构成

我国农业科技体制包括农业科学研究体系和农业技术推广体系。我国农业科学研究体系主要由农业科研机构、农业高等院校和农业科技型企业三大主体构成，它们主要负责农业技术的创新与研发。从农业科研的管理体制上来说，我国的农业科研机构主要由中央、地方两级管理体系构成，中央一级的农业科研机构包括农业部属的中国农业科学院、中国热带农业科学院、中国水产科学研究院，水利部属的中国水利水电科学研究院和南京水利科学研究院，以及由国家林业局管理的中国林业科学研究院等中央级的研究机构，主要从事农业各领域的基础性研究；地方一级农业科研机构主要由各地农科院构成，主要负责区域性的农业基础和应用研究。

我国的农业推广体系目前已形成以政府为主体，农业技术推广机构、农业科技型企业和农民组织共同合作的格局，并建成了自上而下的农业技术推广体系。从全国来看，农业技术推广体系主要由中央、省、市、县和乡五级构成，其中农业技术推广的主体是县和乡两级，因为其离农民较近，可以直接与农民交流。按不同专业领域细分，我国的农业技术推广体系主要由五个领域构成：种植业、畜牧兽医业、水产业、农业机械业和经营管理（农业部农村经济研究中心课题组，2005）。图 3-1 列示了我国农业科技体制的构成现状。

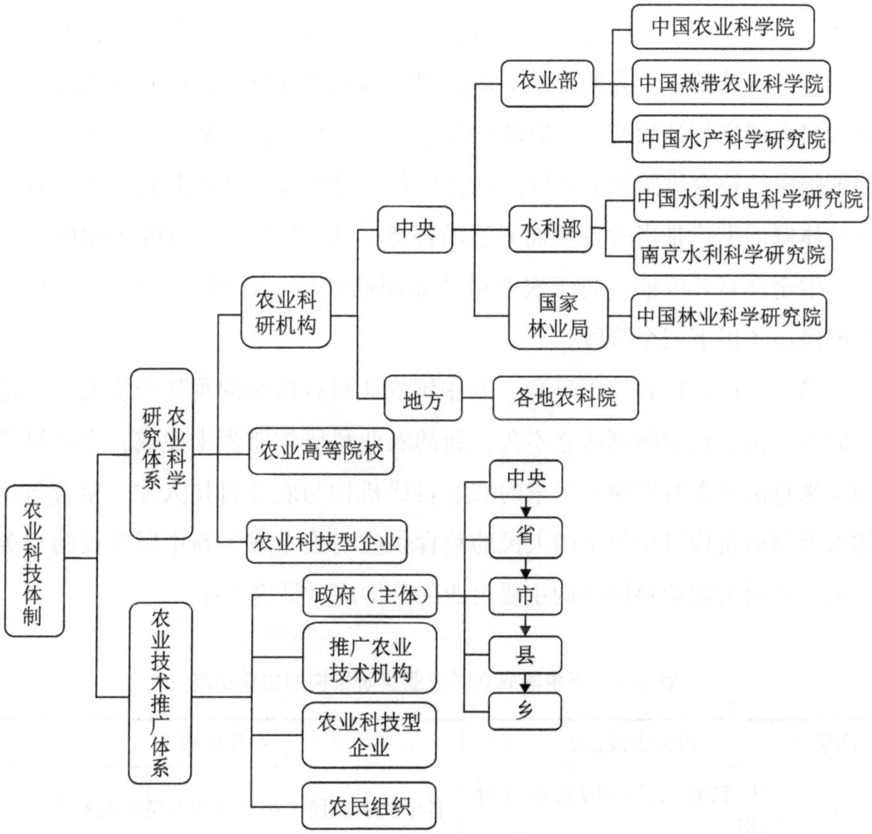


图 3-1　我国农业科技体制构成

## 3.2 中国农业科技体制的改革历史

我国农业科技体制改革以 1978 年为分界点，从 1949 年中华人民共和国成立到 1978 年以前的农业科技体制改革主要以计划经济为时代背景，1978 年后我国的农业科技体制改革以市场化为主要导向。

### 3.2.1 改革开放前的农业科技体制改革历史

中华人民共和国成立后，为了保证重工业的优先发展，国家实行计划经济，政府掌握了企业的生产计划，人民的生活消费实行配给制，对农产品实行统购统销，人为地压低工资、利率和农产品价格，而对我国这样一个人口大国实行计划经济，短缺的发生不可避免。在这样的背景下，为了保证国家的粮食供给和老百姓的吃穿住行，对农业科技事业的投入和农业科技体制的重建是当时首要而紧迫的任务。从 1949 年至 1978 年党的十一届三中全会召开以前，我国农业科技体制的改革以计划经济时代为背景，主要经历了以下三个阶段。

第一阶段：1949—1957 年，新中国农业科技体制的重建与恢复期。这一时期，由于新中国刚成立不久，新的农业科研体制尚未建成，主要科研力量来自国民党时期遗留下来的农业科研机构与农业科技人才，接管与重建农业科研机构以确保全国人民的粮食供应与安全成为新中国建设的当务之急。当时的农业科研机构主要由四部分构成，见表 3-1。

**表 3-1 新中国成立时农业科研机构的主要构成**

| 序号 | 四大组成部分 | 主要构成 |
|---|---|---|
| 1 | 国民党时期遗留的农业科研机构 | 各中央实验所、中央农业经济研究所等 |
| 2 | 原日军建立的农业科研机构 | 公主岭农事试验场、北平农事试验场及分支机构 |
| 3 | 高等院校的农学院 | 金陵大学农学院、浙江大学农学院等 |
| 4 | 老解放区建立的农业机构 | 农业试验场、示范农场 |

资料来源：笔者根据相关文献整理。

国家在接管了这些农业科研机构后，开始对农业科技体制进行重建和恢复工作。1950 年 7 月 5 日，中央人民政府批复了《全国农业研究试验机关组织暂行通则》，对各级农业科研机构的主要任务、所属领导机构以及经费来源进行了具体规定。此后，七个大行政区先后成立了相应的大区一级综合性农业科研机构。除此之外，一些部属的农业研究机构和省、地级农业研究机构也先后建立。1952—1953年，为适应计划经济模式和学习苏联经验，中央人民政府对各大高校进行了大幅院系调整，将一些原来隶属综合性大学的农、林学院分离出来，按地区调整、重组成独立的农学院(后升级为农业大学)。在农业科研机构得到恢复与重建的同时，农业技术的推广工作同样在展开。1952年10月，农业部颁布了《农业技术推广方案（草案）》，提出在全国建设一批农业技术推广站。此后，农业部又相继颁布了一系列与建立农业技术推广站相关的文件，并在全国范围内大力支持和普及农业技术推广站的建立。到1957年，我国已初步建立起中央—省—地的三级农业科研体系，这一农业科研体系与当时的计划经济体制相适应。

第二阶段：1958—1966年，新中国农业科技体制的动荡建设期。1956年召开的党的八届三中全会通过了未来10年的全国农业发展纲要（修正草案)。该纲要提出了发展农业的“农业四十条”，其中，第21条对农业科研和技术指导工作提出了相关要求，指出要努力构建新中国农业科学体系，大力推广农业科学技术。该纲要提出后的两年，“大跃进”和“浮夸风”运动在全国范围内大规模兴起，农业生产不依循客观的科学发展规律，大放高产“卫星”，不少坚持实事求是的知识分子被扣上右倾保守主义的“帽子”。在这种情况下，农业科技体制的发展也受到重创。为了进一步贯彻“大跃进”运动的精神，1958年8月，中共中央决定将原隶属中国农科院的六个大区研究所下放给地方管理，这一决定打乱了农业科研的管理体系，对农业科技人员的工作积极性也是一种打击。同时，各省、地、县在此浪潮下也纷纷建立起基层农业科研机构，造成了机构重复建设、资源调配紧张、科研人员人浮于事的不良后果。1960年后，随着对

“大跃进”运动的认识趋于理性，中央开始对农业科研机构进行大量精简，并出台了《科研机构精简、迁移、合并、下放和撤销的意见》。这一时期，在国家精简机构政策的影响下，大量农业技术推广人员被下放，全国1/3的农业技术推广站被撤销。农业科研机构过度频繁的变动，使得农业科研的持续性和稳定性都受到影响。1963年2月至3月，中央召开了全国农业科学技术工作会议，制定了1963—1972年的农业科技发展规划，这次会议对我国农业科技体制的建设和发展具有重大意义。在此之后，我国农业科技体制的建设和改革都按照这次会议的精神进行调整，加强了农业部对农业科技的直接领导，形成了由中国农科院、各省级农科院所构成的两级农业科研机构，各级农业科研机构均设置了学科、专业两类研究所。

第三阶段：1966—1978年，新中国农业科技体制的削弱期。“文化大革命”时期，我国的农业科学研究受到重创，一批农业科研院所被撤销、下放，这给新中国的农业科研事业带来了毁灭性的打击，农业科技体制的发展陷入了瘫痪。这一时期，农业科技体制的发展虽然受到“文化大革命”的严重破坏，但农业科研仍然取得了一些成就，如1969年华容县建立了由县、公社、生产大队和生产队组成的四级农业科学实验网，并且这一体制在全国范围内迅速推广。

中华人民共和国成立后的30年，我国农业科技体制在曲折中发展，虽然经历了如“文化大革命”这样的时期，但它仍然为我国农业科技事业的发展提供了必要的制度保障，形成了由中国农科院、地方农科院、农业高等院校和农科院的各种涉农研究所构成农业科研体系，建立了“四级农科网”这样的农业技术推广体系和县、公社、队三级良种繁育推广制度。这一时期我国农业科技体制发展的特点是：第一，以计划为主导，政府部门对农业科研的直接干预过多，各级农业科研机构对政府部门的依赖过大，造成农业生产与农业科研“两张皮”、科研成果转化率低的不良后果；第二，条块分割现象严重、社会协作程度低，各地都追求“大而全”的重复建设，导致科技资源不必要的浪费，难以发挥农业科研的整体优势。因此，农业科技体制的进一步改革迫在眉睫。

### 3.2.2 改革开放后的农业科技体制改革历史

自 1978 年改革开放以来，党和国家将工作的重心转移到经济方面的建设，农业科技体制也开始了市场化方向的改革，这一改革持续至今，可以分为以下五个阶段：

第一阶段：1978—1984 年，我国农业科技体制市场化改革的准备阶段。1978 年 3 月，中共中央召开了全国科学大会。邓小平同志在大会的讲话中重新明确了“科学技术是生产力”的观点，我国迎来了“科学的春天”。全国科技大会后，我国开始探索农业科技体制的改革之路。先后恢复了中国农业科学院与中国林业科学院的建制，并成立了中国水产科学研究院。原来下放的研究所或迁回北京或将其管辖权收回给原来的各部委；地方上的农科院和其他研究机构也都恢复了原来的建制。与此同时，党中央、国家农委和农业部先后出台了《关于加强农业科技工作的意见》《中共中央关于加快农业发展若干问题的决定》《农业科研工作条例》《关于加强农业技术推广工作的意见》等一系列推动农业科技体制改革的重要文件，为我国农业科技体制的市场化改革奠定了基础。

第二阶段：1985—1991 年，我国农业科技体制市场化改革的探索阶段，这一阶段的改革以放权让利为主要内容。1985 年 3 月，中共中央颁布了《关于科学技术体制改革的决定》（以下简称《决定》），《决定》是我国科技体制改革历史上一份非常重要的文件，它全面阐述了我国科技体制改革的指导思想和总体思路，它的颁布全面启动了我国科技体制市场化改革。《决定》用专门的章节强调要改革农业科学技术体制，调整农村经济结构，推动农村经济向专业化、商品化和现代化转变。1986 年 9 月，农业部颁布《农牧渔业部关于农业科技体制改革的若干意见（试行）》，标志着我国农业科技体制市场化改革全面启动。这一阶段改革的主要内容是改革农业科研单位事业费的拨款方式，开始实行事业费包干制；同时赋予农业科研单位更多的自主权，促进农业科研的市场化和科技成果的商品化与产业化。然而，这一时期过于强调“一刀切”式的市场化改革，而忽略了农业科研的特殊性，将一些不适合推向市场的领域（如基础研究）市场化，导致了对农业科研人员激励机制的扭曲和科技资源被挪为他用的不良后果。

第三阶段：1992—1998 年，我国农业科技体制市场化改革的发展阶段，这一阶段的改革以结构调整为主要内容。针对上述改革“一刀切”的现象，1992 年 8 月，国家科委和国家体改委联合颁布了《关于分流人才、调整结构、进一步深化科技体制改革的若干意见》，提出“稳住一头，放开一片”的工作方针，实行农业科研体制的结构调整和人员分流，进一步转变机制，开启了农业科技体制的系统改革试点工作。此后，许多农业科研院所开始实行企业化管理，以及“一院两制”的管理模式。由于国家逐渐认识到农业科研的特殊性，改革开始由只强调市场竞争的作用向既强调市场的作用又重视政府的作用转变。然而由于政策执行具有惯性，市场的作用仍然被过度强化，市场与政府的天平仍然向前者倾斜；农业科研的基础研究领域和关系国计民生的重要研发领域一方面在市场竞争中处于不利地位，另一方面又得不到政策的有力支持，造成我国农业科研自主创新能力和科研成果转化率低、农业科技发展后劲不足的现象。

第四阶段：1999—2004 年，我国农业科技体制市场化改革的深化阶段，这一阶段的改革以分类改革为主要内容。随着政府对农业特殊性的认识不断加深，改革的重点由政府市场“一刀切”转向了对农业科研单位的分类改革。1999 年 8 月，国务院组织召开了全国技术创新大会，随后颁布了《中共中央、国务院关于加强技术创新、发展高科技、实现产业化的决定》，这一决定的颁布标志着我国科技体制的改革开始进入分类改革的阶段，农业科技体制的改革也随之进入深化阶段。分类改革的目标是优化科技资源的配置，解决科技与经济相脱节的问题。改革的主要依据是所从事科研的性质：那些主要从事基础研究、科研成果具有公共物品或准公共物品性质的科研机构，仍然保留事业单位的性质，或按非营利性科研机构管理；而那些从事技术开发类研究或有能力面向市场的科研机构，实行企业化转制，进入企业或转制为科技型企业，按照现代企业制度进行管理。第一批企业化转制工作于 1999 年 7 月开始，到 2000 年 12 月底结束，首批实行企业化转制的院所为国家经贸委管理的 10 个国家局所属 242 家科研院所；此后，建设部、铁道部等 11 个部门的 134 家科研院所的企业化转制工作也于 2001 年底全部完成；其他部门的转制工作也相继启动并完成。2002 年 10 月，中共中央发布《科学技术部、财政部、中编办关于农业部等九个部门所属科研机构改革方案的批复》，开始实施第二批科研机构分类改革，其中就包含农业科研院所的分类改革。2002 年 11 月 28 日和 29 日，农业部在京召开了农业科研机构管理体制改革会议，启动了农业科研院所的分类改革。农业科研机构改制后的去向主要有以下四类：转为农业科技型企业、进入高校、转为非营利性农业科研机构和转为农业事业单位。2003 年 1 月，《农业部关于直属科研机构管理体制改革实施意见》的颁布，标志着中国农业科学院、中国热带农业科学院、中国水产科学研究院（以下简称“三院”）及其所属 69 个科研机构的分类改革正式开始实施。在“三院”所有的 69 个农业科研机构中，保留为非营利性农业科研机构的 32 个，转为科技型企业的 22 个，转为农业事业单位的 11 个，进入大学的 4 个。同时，地方农业科研机构也出现了转企和削减编制的改革做法。

在农业科研院所进行分类改革的同时，国家对农业推广体系的市场化改革也在同步进行。国务院于 2001 年 4 月颁布的《农业科技发展纲要（2001—2010 年）》指出，要调动社会力量参与农业科技的推广，逐步建立起一个结合国家扶持与市场引导、结合有偿服务与无偿服务的新兴农业技术推广体系，实现“推广队伍的多元化、推广行为的社会化和推广形式的多样化”。随后，2002 年和 2003 年的中央一号文件也都强调要进一步深化对农业科技推广体制的改革，鼓励农业高等院校参与到农业技术推广的工作中。这一时期的改革取得了一定成效，绝大多数科研机构通过分类改革，运行机制得到优化，人员结构得到改善，科研能力也随之增强。但是，由于缺乏长期稳定的制度和法律保障，我国农业科技体制仍然存在一定问题，如科技资源的配置不合理、农业技术创新主体较为单一、农业科研与市场和生产脱节等。

第五阶段：2005 年至今，是我国农业科技体制市场化改革的创新发展阶段，这一阶段改革的主要内容是建立国家农业科技创新体系。国家农业科技创新体系主要由国家基地、区域性农业科研中心、试验站和企业技术研发中心构成。较早提出“国家农业科技创新体系”这一概念的是 2005 年的中央一号文件，文件指出要“抓紧建立国家农业科技创新体系”。2006 年，中共中央、国务院颁发《国家中长期科学和技术发展规划纲要（2006—2020 年）》，提出要建立具有中国特色的国家创新体系。2007 年，农业部制定并颁布了《农业科技发展规划（2006—2020 年）》，提出到 2020 年，要“形成布局合理、功能完备、运转高效、支撑有力的国家农业科技创新体系”的目标。至此，建立国家农业科技创新体系的目标被正式确定。这一目标的确立，对我国农业科技体制的改革具有里程碑式的意义，它为我国农业科技的创新发展提供了制度保障。为了贯彻落实建立国家农业科技创新体系目标，2007 年 4 月，农业部会同科技部、财政部、国家发改委等部委共同编制了《国家农业科技创新体系建设方案》，要求按照“科学布局、优化资源、创新机制、提升能力”的思路，建立国家农业科技创新体系。政府希望通过这一阶段的改革，建立一套能够促进农业增产、农民增收的长效机制，寻找除家庭联产承包责任制外能够进一步释放农村经济活力的新的增长引擎。这一阶段的改革是在自 1978 年以来四轮科技体制改革基础上的又一次政府主导的大规模的强制性制度变迁过程，对我国农业科技的发展将产生根本性的影响。

通过梳理新中国成立以来农业科技体制改革的历史可知，1949 年至今，农业科技体制改革的时代背景由计划经济转变为市场经济。在计划经济时代，农业科研机构在管理体制上按照事业单位管理，在经费来源上属于财政拨款，因此，农业科研工作具有高度的计划性，科研任务以行政命令为依据，而非市场需求。然而，随着社会主义市场经济的建立和发展，这种计划经济体制下的低效和不足日益凸显，因此，政府试图通过引入具有竞争性质的市场化改革来打破计划经济体制下科研机构低效率研发的体制性矛盾，通过引入竞争机制来改变计划经济时代科研人员吃“大锅饭”的激励机制。总体来说，我国的农业科技体制改革步伐是与时俱进的，但由于改革是渐进式的，不可能一蹴而就，因此，计划背景下的许多特点和一些弊端也沿袭至今，如对科技人员激励机制不合理、科研机构之间竞争不充分，导致科研成果产出效率低下等；同时改革过程中也出现了一些过犹不及的问题，如分类改革中出现的“过度企业化”问题等。农业科技体制改革的目的是提高科研效率，更大限度地将科研成果转化为现实生产力，提高技术进步对农业增长的贡献率，要实现这些目标，就必须弄清楚农业科技体制改革本身有哪些特征，改革是如何通过促进农业技术变迁进而推动农业发展的，下一节将对此进行详细分析。

## 3.3 中国农业科技体制改革的供求分析

本节基于经济学中的“需求—供给”框架分别从改革的需求和供给方面来分析我国农业科技体制改革的特征。

### 3.3.1 中国农业科技体制改革的需求分析

农业科技体制改革的需求根据需求产生的原因分为内部需求与外部需

求。内部需求内生于农业科技体制本身，主要包括农业科研机构对农业科技体制改革的需求和农业科技人员对激励机制改革的需求。一则，对于以从事基础性和公益性研究为主的农业科研机构来说，在以利润最大化为导向的市场经济中需要谋求生存和发展，面临着巨大的创收压力；而长期以来，中国政府对农业科研和农业技术推广的经费投入都严重不足，这不仅影响了我国农业科技队伍的稳定性，也制约了农业技术创新和技术推广的进一步发展。因此，政府进一步加大对农业科研的投入力度是我国农业科技体制改革所不能回避的问题。二则，农业科研人员和科技特派员是我国农业技术创新和技术推广的执行主体，合理的激励机制能够极大程度地激发他们的创造力和工作积极性；而从我国目前的情况来看，全国各行业科研人员的整体待遇都偏低，农业科研人员尤甚，并且普遍存在激励机制扭曲、科研经费管理不善等问题。较低的待遇使得科研人员面临较大的生存压力，难以全身心地投入到科研事业中来。因此，改革现行的科研经费管理制度、建立长效的科学评价机制、让科研人员的待遇与贡献相匹配，我国的农业技术创新才能蔚然成风。

农业科技体制改革的外部需求主要包括农业科技成果适应农业生产发展的改革需求，以及农业技术适应经济社会发展的改革需求。一则，由于目前我国农业科研部门、农业教育部门和农业产业部门之间的关系有待进一步理顺，产学研不能有效结合。一方面，先进适用的农业科研成果产出严重不足；另一方面，由于部门之间条块分割、权责不明，一些科研项目重复建设、资源配置不合理，国家大量投入到一些低效、没有市场价值的科研活动中去，科研成果难以有效地转化为现实生产力，科技与经济“两张皮”的现象仍然普遍存在。因此，理顺产学研之间的关系，是我国农业科技体制改革中的一个重要议题。二则，随着我国市场经济体制的日益完善和全球科学技术的不断发展，社会对农产品和农业科技成果的需求结构也在不断改变，对含有高新技术的农业科技成果的需求日益增大，这对农业技术创新和农业科技成果的产业化提出了更高层次的要求，这种更高的要求也推动了农业科技体制的进一步改革和完善。

### 3.3.2 中国农业科技体制改革的供给分析

由于农业科技体制改革具有以下三方面特征，出现了供给不足的问题。第一，农业技术创新具有公益性特征。农业技术创新和技术推广的成果具有明显的公共物品或准公共物品特征，且存在较强的外部性，如果不能把这种外部性内部化，个人、企业、高校或农业科研机构很难有动力去推动农业科技体制的改革。第二，农业科技体制改革需要集体行动。由于农业科技体制改革不仅是单个农业科研院所运行机制方面的改变，而是在全国范围内开展的系统性改革，并且改革涉及科技体制以外的许多其他方面，具有牵一发而动全身的效果。改革不仅需要农业科研主体的配合，也需要一系列配套政策的跟进和相关人士和利益集团的支持与妥协，它是一种集体行动而非个人行为，除政府，任何个人、企业、高校或农业科研机构都无力去推动这样一场涉及面广、系统性强的改革。第三，农业科技体制改革本身也是一种具有较强外部性的公共产品，改革的成本巨大，而改革的收益具有非排他性和非竞争性，改革成本的承担者无法解决这个过程中存在的“搭便车”问题；对于单个改革推动者来说，他所获得的收益可能远远小于在这个过程中所付出的成本，因而不会有动力去推动改革的实施。综合考虑以上三个原因可知，我国农业科技体制改革会出现自发性制度变迁供给不足的问题，而政府作为改革的推动者可以从一定程度上减轻以上问题的干扰。

## 3.4 中国农业科技体制改革的制度特征：强制性制度变迁

本节旨在论证我国现阶段的农业科技体制改革具有强制性制度变迁特征。农业科技体制实际上是有关农业科研体制和农业技术推广体制的一系列制度安排，农业科技体制的改革就是改变旧的制度安排，同时引入新的制度安排的过程。从这个角度来说，中国农业科技体制的改革可以用制度经济学理论中关于制度变迁的一般理论来进行分析和解释。

根据制度经济学定义，制度是为社会成员所遵守的行为准则；制度变迁则是指从一种制度安排转变到另一种制度安排的过程（林毅夫，1989）。根据制度变迁的发生动因，可以将其划分为诱致性制度变迁与强制性制度变迁。诱致性制度变迁理论是由 Ruttan 和 Hayami（1984）提出的，它是指一群个体为了获得制度非均衡所产生的获利机会而进行的自发性制度变迁，如我国改革开放初期实行的家庭联产承包责任制就是由农民为了提高农业产量而自发组织、实施的一种农业生产组织方式上的制度创新。林毅夫（1989）在此基础上，进一步提出强制性制度变迁理论。他认为，只有当制度变迁的净收益大于它的成本时，制度变迁才会发生；而由于制度变迁往往需要集体行动，且在这一过程中常常难以避免“搭便车”行为的出现，所以一个社会自发性制度变迁的供给量通常会少于社会最优量。制度供给的不足可以由政府通过确立新的制度安排来弥补，这种确立新制度的行为实际上就是制度变迁，而且这种由政府主导、通过引入法律和规则等正式制度安排而确立的制度变迁属于强制性制度变迁。

我国农业科技体制改革的过程可以用强制性制度变迁理论来解释。一方面，因为我国政府对农业科技这样的关键领域在政治上和经济上都具有绝对的控制力，能够通过行政和经济手段制定一系列政策，提供不同程度的激励来引导农业科研主体的行为，弥补制度创新供给不足的问题。另一方面，从我国农业科技体制改革过程中政府与市场所发挥的作用来看，从 1978 年政府对农业科技行政干预过多，导致科技、经济“两张皮”的现象非常严重，到 1985 年后过度强调市场的作用，再到 1999 年政府与市场的作用并重，进行分类改革，最后到 2005 年提出建立国家农业科技创新体系，强调政府在改革中顶层设计的重要性，不难看出，我国农业科技体制改革的强制性制度变迁特征主要体现在政府对一系列重要文件的制定与推动实施方面以及在政府与市场二者关系中政府的自主进退方面。

为了捕捉我国农业科技体制改革过程中由制度的非均衡所带来的获利机会，政府会通过顶层设计，用一系列新的制度安排来取代旧的制度安排，推行强制性制度变迁。政府之所以能够进行这样强制性的制度干预，是以农业科技体制改革的诱致性制度变迁的需求为前提。通过上文对农业科技体制改革需求的分析可知，由于存在种种问题，原有的农业科技体制已经较难适应我国经济发展和农业生产的需要，难以进一步提高我国的农业技术创新能力，并且由这种体制滋生出了一系列的问题，如对农业科研的投入不足、经济与科技相脱节、对农业科研的特殊性认识不到位等，这些问题导致了对农业科技体制进行改革的诱致性制度变迁需求；而由于“搭便车”等问题的存在，由一群个体自发产生的诱致性制度变迁往往难以实现，这种由制度非均衡所产生的帕累托改进只能通过政府强制性地引进新的制度安排来实现。因此，当改革进入“深水区”后，政府对中国农业科技体制改革的制度设计和规划至关重要，它需要通过一系列顶层设计提高农业科技含量，促进农业的创新发展，为我国农业技术的创新和推广创造良好的制度环境。

# 第4章

# 农业技术创新的测度

农业技术创新是衡量中国农业科技体制改革绩效的重要指标，是中国农业现代化的主要引擎和驱动力量，也是本研究逻辑链条上处于核心地位的中介变量，因此，选取合适的指标对农业技术创新进行测度是后续实证检验得以展开的重要前提。在众多衡量农业技术创新的指标当中，本研究选取农业专利作为农业技术创新的主要度量指标，利用农业发明专利的微观数据，从农业专利的申请、授权数量及质量、农业专利的前向和后向引用情况等方面对农业技术创新进行测度；并在本研究第5章、第6章的实证分析中将农业专利数作为连接中国农业科研体制改革与农业发展的中介变量。

## 4.1 用农业专利刻画农业技术创新的文献基础

衡量技术创新的指标较多，如研究开发强度、新产品和新工艺数、专利数等。在这些指标中，由于专利数具有客观性、可比性、数据易得等一系列优点，许多学者偏好用专利数作为衡量技术创新水平的指标。较早使用专利数来衡量技术创新水平的文献可以追溯到20世纪60年代，Schmookler（1966）用专利数来衡量发明水平，通过对美国专利数据的研究发现，对于经济利润的追求才是诱致发明（invention）产生的主要原因。在此后有关技术创新与经济增长的研究中，许多学者将专利数作为度量技术创新水平的重要变量。如 Fagerberg（1988）认为经济增长是由技术创新与技术扩散两种力量共同驱动的，他用人均 GDP 表示一国总的技术水平，用投资量表示技术扩散的能力，用一国在国外的专利数代表技术创新的水平，证实了三者之间的关系。这一研究表明用专利数代表技术创新水平具有一定的合理性。Frame（1991）设定了一个柯布-道格拉斯函数，利用 1984 年 128 个国家的数据进行回归，得到了技术水平（T）与经济水平（GNP）、科技水平（用科技论文数 S 表示）和专利数（P）之间的数量关系，发现专利对技术水平的贡献为 25%，仅次于 GNP（47.9%）。他的研究再次证实了用专利数衡量技术创新水平在一定程度上是合理的。Soete 和 Wyatt（1983）发现了在其他国家注册的专利数与 R&D 投入之间具有对数线性关系，同时，他们通过测定跨国专利申请及其引用情况（专利流动）分析不同国家之间的技术扩散情况。Scherer（1984）试图利用专利数模拟出技术在不同产业之间的扩散情况。Pavitt（1985）则发现不同产业间 R&D 与专利数存在不同关系，且由于专利保护政策的存在，在一些产业（如汽车业）专利被模仿的成本比较高。一些综述文献论述了专利作为刻画技术创新指标的优势，如 Griliches（1990），Nagaoka 等研究者（2010）。Nagaoka 等研究者（2010）发现近年来在有关创新的研究中，对专利的研究显著增加，他们回顾了自 Griliches（1990）的综述以来，专利研究的主要进展：其一，可获得的专利数据在全球范围内迅速增加，同时利用专利数据进行的研究也越来越多；其二，随着专利引用信息的电算化，专利的引用数据被更好地理解以及更广泛地使用；其三，创新调查在全球范围内广泛开展，如企业创新调查、发明调查，等等；其四，对专利系统（patent system）的本质理解更加深刻。

一些学者从以下几个方面对中国的农业专利展开了研究。Liu 等研究者（2014）对 1985—2005 年农业发明专利进行了生存分析，并用专利的生命周期和专利维持时间两个指标来衡量中国农业发明专利的质量，得到了以下四个结论：第一，我国农业专利的申请质量在不断提高；第二，我国农业发明专利的申请质量总体上仍然不如外国；第三，我国大学和科研机构的农业发明专利授权率显著高于企业和个人，但大学和科研机构的专利维持时间却比企业和个人申请者短；第四，在不同的技术领域，农业专利质量也有显著不同，如在农业生物和农业化学技术领域内的专利质量明显高于其他技术领域。陈超和张蕾（2008）对中国农业专利保护的现状、存在的问题及其成因进行了分析，指出需要从提高专利意识、加大政府对农业专利的支持力度、完善科技成果评价体系等五个方面来加强对我国农业专利的保护。张蕾等人（2009）运用固定效应模型对影响我国农业专利申请的因素进行了检验，发现各省农林牧渔总产值、农业科研院所的科研人员数量和其获得的政府资助对农业专利的申请数量具有显著为正的影响。周晓唯和赵轩轩（2008）在分析了我国农业专利的现状后，发现农业专利在全部专利中所占份额较小，我国农业专利发展还比较落后。他们利用1990—2005年农业专利授权数据以及相关农业经济数据，发现农业科技三项费用对农业专利授权率的提高具有显著影响。因此，他们认为政府应当加大财政对农业科技的投入力度，并建立有效的科技成果转换和农业技术推广机制。岳冬冬和王征兵（2007）指出我国农业专利的产业化水平偏低，这一方面是因为农业专利本身的质量不高，另一方面是农业产业基础薄弱造成的。他们同时指出我国农业专利的申请数量与其他产业相比明显偏低，并认为造成这种现象的深层原因是由于我国农业科技成果管理方式沿袭了计划经济时代“重学术、轻市场、重论文、轻专利”的评价和奖励机制，这种扭曲的激励机制极大地打击了科研人员的积极性。赵艳艳（2009）从知识产权战略、专利申请制度、农业专利保护等五个方面分析了美国的农业专利政策，她认为美国在对农业专利的重视程度和保护力度，以及畅通专利的产业化渠道三个方面值得我国学习。

上述文献一方面表明专利是刻画农业技术创新的优良指标，另一方面在农业专利提取、农业专利质量水平刻画及其影响分析方面，提供了非常有益的参考。本章将基于上述文献，系统提取我国 1985—2009 年的农业专利，并从申请和授权、数量和质量等维度来考察我国农业专利所呈现的特征事实。值得一提的是，本研究使用了专利引用数据对专利质量进行刻画，这在国内文献中，具有一定的开创性。

## 4.2 农业专利的提取

国际专利分类体系（International Patent Classification，IPC）没有对农业专利的明确分类，并且国际上对农业专利涉及的 IPC 范围也没有统一的划分标准，这是当前农业专利信息分析的一个难点。按照 IPC 的界定以及既有文献的相关做法（陈超和张蕾，2008；张蕾等，2009；马兆，2009），本研究将农业专利按照以下 25 个 IPC 分类号进行划分：A01B、A01C、A01D、A01F、A01G、A01H、A01J、A01K、A01L、A01M、A01N、A22B、A22C、A23B、A23C、A23D、A23F、A23G、A23J、A23L、A23N、A23P、A24B、B09C、A61D。根据国家知识产权局公布的《国际专利分类表（2009.01 版）》的定义，各分类号所涉及的技术范围见附录 1。

进一步，本研究借鉴 Lei 等研究者（2014）的做法对我国农业专利申请数据进行了整理，区分了不同专利申请者（个人、企业及高校）、不同的发明类型（产品专利及方法专利）、申请人是否涉外（国内申请者与国外申请者）。值得一提的是，利用该方法，除了可以计算出一些传统的刻画专利质量的变量，如专利的授权率，还可以获得部分专利的引用数及被引用数。这对于国内文献来说，极其少见[1]。本研究使用的原始数据来源于知识产权出版社于 2012 年年底提供的《中国专利数据库文摘》光盘

〔1〕 具体的数据整理方法及过程详见 Zhen Lei，Zhen Sun，Brian Wright，"Decipher the chinese patenting：evidence from china's patent applications"，U. C. Berkeley working paper，2014。

数据。其中收录了自1985年9月到2012年年底公开的实用新型专利、发明专利和外观设计的信息，包含了非常丰富的变量，如发明人、公告日、摘要、IPC分类号、优先权、法律状态、主权项等。由于我国专利信息的公布通常有18个月的时滞，该数据只收录了部分2010年的专利信息。基于该原始数据，Lei等研究者（2014）对该数据进行了较为系统的整理，本章所用的农业专利数据是从整理后的数据中进行提取的。

## 4.3 我国农业专利申请的整体分布

数据显示，1985—2009年，我国农业发明专利申请数量有了很大提高，从1985年的284件上升到2009年的12 245件，增长了42倍。除1994—1995年存在较小幅度的下降外，其他年份的专利申请数均较上一年有所增长。其中，1992年、1993年、2002年、2003年、2005—2009年的专利申请较上一年均出现明显的跃升。第一次较为明显的跃升集中在1992年和1993年，除个别指标外，绝大部分专利指标的申请数量都较上一年有了较大幅度的上升。结合农业科技体制改革的历史，可以发现，1992年是我国开始对农业科技体制进行结构化调整和人员分流的事件年，农业专利数量的跃升从一定程度上反映了这次改革的效果。第二次较明显的跃升发生在2002年和2003年，全部农业专利申请数分别比上一年增长了26.40%和27.76%，这一次的跃升可以结合2002年10月开始实施的第二批农业科研院所分类改革进行理解。第三次比较明显的跃升从2005年开始，此后的每一年，农业专利申请数都有大幅增长，增长幅度最少的2006年也达到了17.71%，绝对增长量达1015件。究其原因，可能与2005年我国提出建设国家农业创新体系的目标有关，这一目标的提出对我国农业科技创新能力产生重大的影响，农业专利申请量的连续大幅增长可以从一定程度上反映这一次改革的初步效果。

**表 4-1　1985—2009 年我国农业专利的申请情况**

（农业专业申请单位：件）

| 年份 | 全部申请 | 全部申请增长率（%） | 中国大陆申请 | 其他国家及地区申请（传统） | 其他国家及地区申请（PCT） | 科研院所及高校 | 企业 | 个人 |
|---|---|---|---|---|---|---|---|---|
| 1985 | 284 | — | 133 | 151 | 0 | 61 | 149 | 74 |
| 1986 | 311 | 9.51 | 151 | 160 | 0 | 72 | 157 | 82 |
| 1987 | 349 | 12.22 | 228 | 121 | 0 | 85 | 138 | 126 |
| 1988 | 495 | 41.83 | 312 | 183 | 0 | 95 | 205 | 195 |
| 1989 | 481 | -2.83 | 319 | 162 | 0 | 90 | 201 | 190 |
| 1990 | 580 | 20.58 | 441 | 139 | 0 | 113 | 213 | 254 |
| 1991 | 678 | 16.90 | 530 | 148 | 0 | 129 | 245 | 304 |
| 1992 | 1071 | 57.96 | 903 | 168 | 0 | 208 | 271 | 592 |
| 1993 | 1753 | 63.68 | 1483 | 270 | 0 | 207 | 491 | 1055 |
| 1994 | 1615 | -7.87 | 1258 | 232 | 125 | 170 | 520 | 925 |
| 1995 | 1597 | -1.11 | 1153 | 200 | 244 | 144 | 554 | 899 |
| 1996 | 1789 | 12.02 | 1304 | 234 | 251 | 165 | 634 | 990 |
| 1997 | 1820 | 1.73 | 1245 | 244 | 331 | 177 | 668 | 975 |
| 1998 | 1959 | 7.64 | 1405 | 230 | 324 | 185 | 704 | 1070 |
| 1999 | 2023 | 3.27 | 1420 | 222 | 381 | 242 | 692 | 1089 |
| 2000 | 2477 | 22.44 | 1791 | 244 | 442 | 317 | 836 | 1324 |
| 2001 | 2739 | 10.58 | 1998 | 268 | 473 | 287 | 968 | 1484 |
| 2002 | 3462 | 26.40 | 2579 | 303 | 580 | 529 | 1211 | 1722 |
| 2003 | 4423 | 27.76 | 3386 | 349 | 688 | 777 | 1465 | 2181 |
| 2004 | 4481 | 1.31 | 3294 | 387 | 800 | 912 | 1603 | 1966 |
| 2005 | 5731 | 27.90 | 4437 | 393 | 901 | 1211 | 1990 | 2530 |
| 2006 | 6746 | 17.71 | 5367 | 357 | 1022 | 1381 | 2356 | 3009 |
| 2007 | 8139 | 20.65 | 6777 | 295 | 1067 | 1857 | 2927 | 3355 |

续表

| 年份 | 全部申请 | 全部申请增长率（%） | 中国大陆申请 | 其他国家及地区申请（传统） | 其他国家及地区申请（PCT） | 科研院所及高校 | 企业 | 个人 |
|---|---|---|---|---|---|---|---|---|
| 2008 | 10 236 | 25.76 | 8753 | 276 | 1207 | 2330 | 3730 | 4176 |
| 2009 | 12 245 | 19.63 | 11 195 | 221 | 829 | 2959 | 4964 | 4322 |

从1985—2009年公开的所有专利来看，农业专利申请主要以中国大陆申请人为主，占农业专利申请总数的82.40%，其他国家及地区申请人中，通过传统渠道申请的专利占6.89%，通过专利合作协定（Patent Cooperation Treaty，PCT）渠道申请的专利占10.71%。中国大陆农业专利申请者中，申请数量最多的省市分别为江苏、山东、北京、广东和浙江；辽宁、上海、四川、天津、河南等省市紧随其后，分居第6—10位；这10个省市的农业专利申请量占全国的62.38%。其他国家及地区申请者中，申请量最多的是美国，其后为日本、德国、瑞士、荷兰、韩国、英国、法国及澳大利亚，这些国家及地区申请的农业专利占其他国家及地区农业专利申请总量的88.84%，具有很强的代表性。

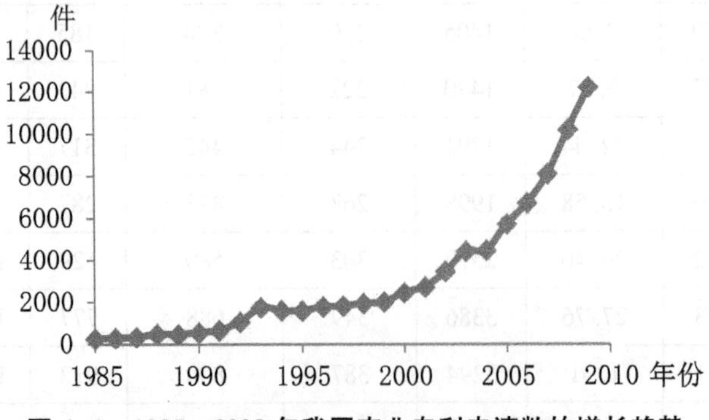


**图4-1　1985—2009年我国农业专利申请数的增长趋势**

**表 4-2　1985—2009 年我国农业专利申请人国别（地区）特征**

| 申请人类型 | 专利数（件） | 占比（%） |
|---|---|---|
| 中国大陆申请人 | 74 398 | 82.40 |
| 其他国家及地区申请人（传统） | 6220 | 6.89 |
| 其他国家及地区申请人（PCT） | 9671 | 10.71 |

从农业专利的申请趋势来看，除少数年份（如 1994 年、1995 年、2004 年）本国专利申请量略有下降外，本国专利申请量大体呈上升趋势，且在 2004 年后呈阶梯状的上升趋势。通过 PCT 渠道申请的其他国家及地区专利申请量在 2001 年前呈稳定增长趋势，而通过传统渠道申请的其他国家及地区专利申请量则一直较为稳定地处于较低水平。这可能是因为，PCT 的申请方式较为便捷，逐步受到其他国家及地区专利申请者的青睐，从而对通过传统方式申请的专利数量产生了替代。

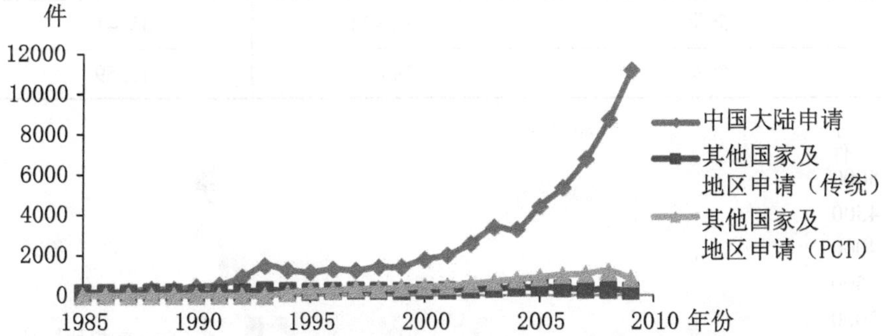


**图 4-2　1985-2009 年不同国家及地区农业专利申请主体的申请趋势**

从农业专利的申请人类型来看，个人申请占据了最大比例，达到 42.59%；其次为企业申请，占 36.41%；最后为科研院所及高校申请，占 21.00%。这是一种比较有趣的现象，在农业专利中个人申请的占比最高。可能的解释是一方面，我国历来具有精耕细作的传统，个人在农业技术发展中具有非常重要的作用；另一方面，我国缺乏大量具有较强科研能力的农业企业。因此，科研院所及高校、企业在专利申请中的贡献并不像个人那么突出。但从不同申请主体的农业专利申请趋势来看，企业的农业专利申请呈加速上升趋势，并在2009年超过个人，成为最大的农业专利申请主体；个人的农业专利申请除在1994年、2004年有明显的下降外，在其他年份大体也呈上升趋势，但其中流砥柱的地位在2009年被撼动，降为第二大农业专利的申请主体；科研院所及高校的农业专利申请也呈增长趋势，但相对于企业的农业专利申请数，其差距有不断扩大之势。从总体上看，企业的农业专利申请呈强劲增长之势，这在很大程度上将影响整个农业专利增长的发展趋势。同时，这一增长趋势也与中央在创新驱动发展战略中所明确的“让企业成为创新主体”的发展趋势相吻合。

**表4-3　1985—2009年我国农业专利申请人类型特征**

| 申请人类型 | 专利数（件） | 占比（%） |
|---|---|---|
| 科研院所及高校 | 18 962 | 21.00 |
| 企业 | 32 874 | 36.41 |
| 个人 | 38 453 | 42.59 |

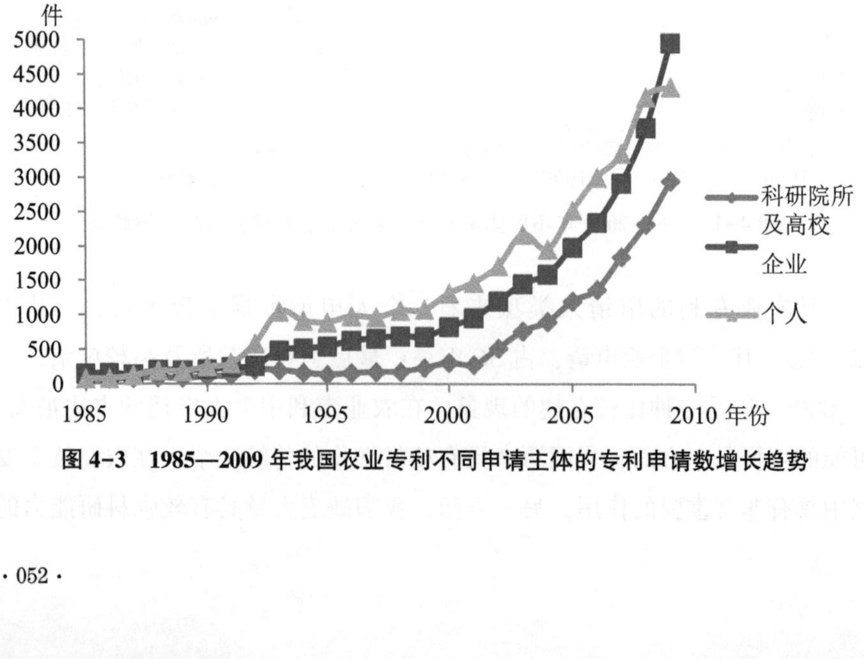


**图4-3　1985—2009年我国农业专利不同申请主体的专利申请数增长趋势**

从农业专利的细分领域来看，大量的农业专利申请集中在 A23L、A01N、A01G。[1]这三个技术领域的专利占全部农业专利的 63.25%，具有高度的集中性。相较而言，在其他农业技术领域，专利的分布则比较分散。这表明农业技术的发展较为全面，同时可能存在全而不强、全而不精的问题。

**表 4-4　1985—2009 年我国农业专利的技术领域分布**

| IPC 代码 | 专利数（件） | 占比（%） | IPC 代码 | 专利数（件） | 占比（%） |
|---|---|---|---|---|---|
| A23L | 31 369 | 34.74 | A01B | 1080 | 1.20 |
| A01N | 16 113 | 17.85 | A23J | 983 | 1.09 |
| A01G | 9621 | 10.66 | A23D | 824 | 0.91 |
| A01K | 5874 | 6.51 | A23N | 603 | 0.67 |
| A23F | 4491 | 4.97 | B09C | 464 | 0.51 |
| A01H | 3301 | 3.66 | A22C | 434 | 0.48 |
| A23C | 2743 | 3.04 | A01F | 422 | 0.47 |
| A23G | 2584 | 2.86 | A23P | 362 | 0.40 |
| A23B | 2183 | 2.42 | A61D | 286 | 0.32 |
| A24B | 1867 | 2.07 | A22B | 98 | 0.11 |
| A01C | 1758 | 1.95 | A01J | 70 | 0.08 |
| A01D | 1553 | 1.72 | A01L | 10 | 0.01 |
| A01M | 1196 | 1.32 | | | |

以农业专利申请最为密集的三个技术领域为例，进一步考察这三个技术领域的专利申请数的动态演变。代码为 A23L 技术领域的专利申请数量

[1] 其中，A23L 对应不包含在 A21D 或 A23B 至 A23J 小类中的食品、食料或非酒精饮料；它们的制备或处理，如烹调、营养品质的改进、物理处理。A01N 所属技术领域包括人体、动植物体或其局部的保存；杀生剂，如作为消毒剂、农药或除草剂；害虫驱避剂或引诱剂；植物生长调节剂。A01G 则对应园艺；蔬菜、花卉、稻、果树、葡萄、啤酒花或海菜的栽培；林业；浇水。

一直处于领跑地位，且在2005年之后，它的领跑势头更为明显；代码为A01N及A01G技术领域的专利申请紧随其后，也大体呈现不断增长的态势。因此，从细分技术领域也可以得到我国农业专利申请数不断增长的驱动因素，主要是为一些专利密集型的技术领域所推动。

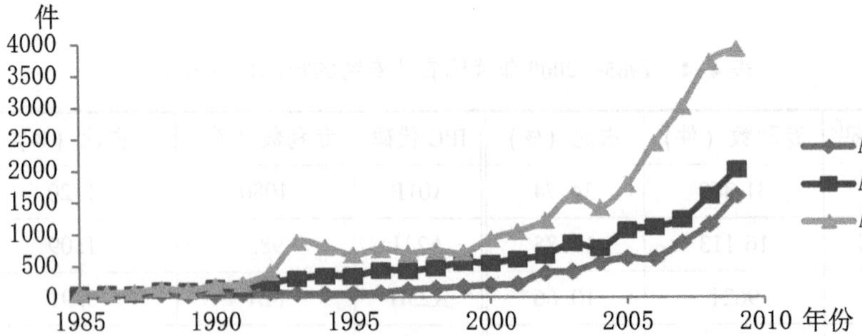


**图 4-4　1985—2009 年我国前 3 类农业专利申请数增长趋势**

从农业专利的创新类型来看，产品专利所占的比重最大，达到40.57%；其次是兼具方法与产品特征的专利，为34.60%；方法专利所占比重最低，为24.83%。从整体上看，三类专利在数量上大体呈三足鼎立之势。

**表 4-5　1985—2009 年我国农业专利创新类型特征**

| 创新类型 | 专利数（件） | 占比（%） |
|---|---|---|
| 方法 & 产品 | 31 241 | 34.60 |
| 方法 | 22 417 | 24.83 |
| 产品 | 36 631 | 40.57 |

从三类专利的发展趋势来看，产品专利的申请数量一直居于领先地位；自1993年，方法 & 产品专利的申请数量超过方法专利的申请数量，居于第二位；方法专利在申请数量上排在前两类专利之后。

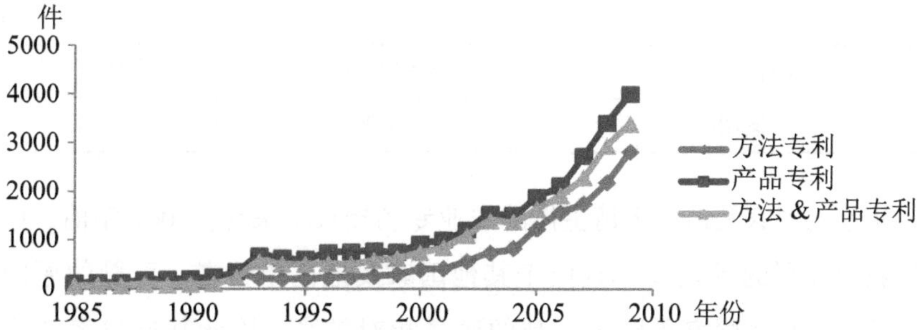


**图 4-5　1985—2009 年我国不同创新类型的农业专利申请数增长趋势**

## 4.4 农业专利的申请质量

上述分析均只涉及农业专利的数量，并没有涉及农业专利的质量。下文将分别从专利授权水平、专利权利要求项、专利引用（包括前向引用与后向引用）三个方面，来说明不同类型的专利申请者、不同技术领域以及不同创新类型农业专利的质量水平。

1985—2009 年的全部农业专利中，撤回的比例为 45.75%，授权的比例为 47.78%，被拒绝的专利占全部农业专利的 6.47%。这表明专利审查是一个不错的专利质量甄别机制，如果申请者觉得专利质量不高，就会选择主动撤回专利申请，放弃实质审查。从总体上看，只要坚持申请，授权的比率还是比较高的，因为被拒绝授权的专利仅占农业专利总量的 6.47%，不到 10%，具体可见表 4-6。

**表 4-6　1985—2009 年我国农业专利的授权状态**

| 授权状态 | 专利数（件） | 占比（%） |
|---|---|---|
| 授权 | 40524 | 47.78 |
| 拒绝 | 5487 | 6.47 |

续表

| 授权状态 | 专利数（件） | 占比（%） |
| --- | --- | --- |
| 撤回 | 38809 | 45.75 |

从不同国家及地区申请主体的农业专利授权率来看，2007 年前，中国大陆农业专利的授权率一直低于其他国家及地区申请者。可能的原因在于：其一，其他国家及地区专利的质量相对较高，因此其授权率会高一些。这一点较好理解，由于是跨国及地区申请，相应的费用更加高昂，因此，其他国家及地区申请者通常只有在专利具有较高的质量及市场价值时才会提出申请。其二，我国对其他国家及地区专利的授权并没有明显的歧视，体现了审查的无差别待遇。2007 年后，中国大陆农业专利的授权率要高于其他国家及地区申请者，部分原因在于中国大陆专利质量有所提升，还有部分原因可能在于数据截取问题，由于其他国家及地区专利申请的信息披露通常会晚一些，从而可能导致其他国家及地区专利的授权率被低估。

**表 4-7　1985—2009 年不同申请主体的农业专利授权率**

单位：%

| 年份 | 中国大陆授权率 | 其他国家及地区授权率 | 科研院所及高校 | 企业 | 个人 |
| --- | --- | --- | --- | --- | --- |
| 1985 | 45.11 | 64.90 | 59.02 | 60.40 | 43.24 |
| 1986 | 52.98 | 60.00 | 63.89 | 59.87 | 43.90 |
| 1987 | 37.72 | 59.50 | 56.47 | 58.70 | 23.02 |
| 1988 | 34.94 | 57.92 | 42.11 | 56.59 | 30.26 |
| 1989 | 33.54 | 39.51 | 53.33 | 38.81 | 23.68 |
| 1990 | 30.39 | 43.88 | 43.36 | 37.56 | 25.98 |
| 1991 | 28.49 | 45.95 | 42.64 | 36.33 | 24.67 |
| 1992 | 23.37 | 50.60 | 37.98 | 40.22 | 18.24 |
| 1993 | 19.76 | 55.19 | 41.55 | 35.44 | 17.25 |

续表

| 年份 | 中国大陆授权率 | 其他国家及地区授权率 | 科研院所及高校 | 企业 | 个人 |
|---|---|---|---|---|---|
| 1994 | 21.86 | 59.94 | 41.76 | 45.96 | 19.35 |
| 1995 | 26.63 | 57.66 | 44.44 | 48.56 | 25.58 |
| 1996 | 29.98 | 65.57 | 58.79 | 53.79 | 27.37 |
| 1997 | 32.29 | 63.13 | 55.93 | 55.24 | 30.46 |
| 1998 | 36.94 | 66.43 | 59.46 | 59.23 | 33.64 |
| 1999 | 43.87 | 67.99 | 68.18 | 61.42 | 40.68 |
| 2000 | 41.88 | 66.62 | 60.57 | 62.08 | 37.46 |
| 2001 | 36.99 | 63.29 | 58.19 | 57.95 | 32.35 |
| 2002 | 45.60 | 74.52 | 67.49 | 67.46 | 38.33 |
| 2003 | 47.49 | 67.50 | 67.95 | 64.23 | 38.47 |
| 2004 | 51.31 | 61.08 | 68.97 | 58.58 | 43.08 |
| 2005 | 48.39 | 57.50 | 66.06 | 53.17 | 40.83 |
| 2006 | 44.51 | 50.47 | 65.03 | 47.58 | 35.43 |
| 2007 | 40.95 | 41.85 | 59.18 | 41.13 | 31.06 |
| 2008 | 41.79 | 32.30 | 57.08 | 43.51 | 28.35 |
| 2009 | 42.88 | 26.38 | 62.28 | 41.44 | 27.23 |

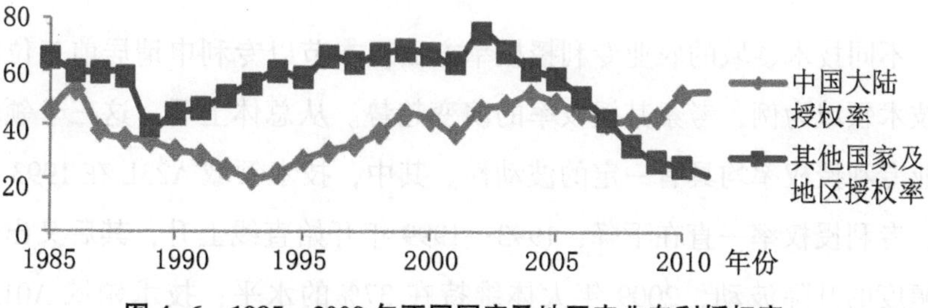


**图 4-6　1985—2009 年不同国家及地区农业专利授权率**

从不同类型申请主体的农业专利授权率来看，无论是科研院所及高校，还是企业、个人的专利申请，其授权率均呈现一定的波动，有升有降。从整体上看，科研院所及高校的农业专利授权率在绝大部分年份是最高的，反映了其相对较高的专利质量；其次为企业专利，在少数年份，如1988年、1992年、1994年、1995年的授权率要高于科研院所及高校，也表现出较高的质量；而个人专利的授权率在三者中始终处于较低水平，表明个人专利质量相对较低。结合专利申请数量来看，个人申请专利的数量虽然是最多的，但质量却较低；科研院所及高校的农业专利申请数量比企业和个人少，但授权率却是最高的；企业则无论是申请量还是授权率都居于中间，具有较好的稳定性。

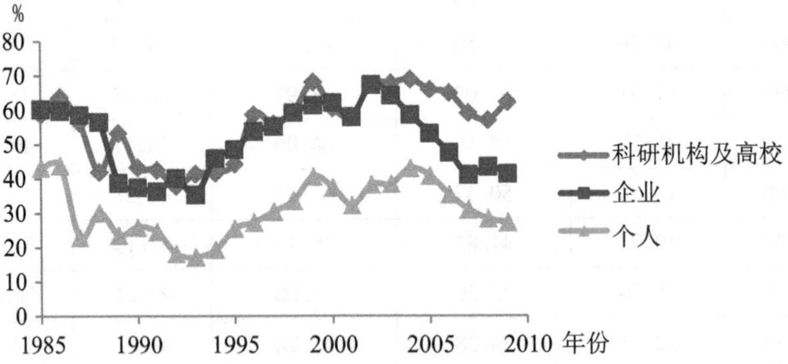


**图 4-7　1985—2009 年不同类型申请主体的农业专利授权率**

不同技术领域的农业专利授权率方面，本节以专利申请居前三位的三个技术领域为例，考察其授权率的演变趋势。从总体上看，这三个领域的农业专利授权率均具有一定的波动性。其中，技术领域 A23L 在 1993 年之前，专利授权率一直在下降，1993—1999 年开始直线上升，其后又出现较小幅度的升降波动，2009 年大体维持在 37%的水平；技术领域 A01N 在 1992 年前，基本处于下降趋势，1992 年后大体呈上升趋势，并于 2002 年达到观察期内的最高值，随后呈下降趋势，到 2009 年处于 40%的水平；

技术领域 A01G 在 1992 年前，基本呈上升下降交替之势，1992—1999 年呈较为稳定的上升趋势，2000—2004 年经历了一降一升的过程，2004 年后呈现下降的趋势。对比上述三个技术领域的授权率可知，1992—1999 年农业专利授权率均大体呈现上升趋势，结合这一阶段农业科技体制改革对农业科研院所进行的结构调整与人员分流，农业专利授权率的上升趋势在一定程度上表明了这一阶段的改革对以农业专利衡量的农业技术创新具有积极的影响；而 2000—2004 年上述三个技术领域的农业专利授权率并没有呈现一致的规律性，体现出农业专利授权率的技术领域异质性；这三个技术领域的专利授权率在 2004 年之后大体呈下降趋势，部分原因可能在于数据的截取问题。

**表 4-8　1985—2009 年不同技术领域及创新类型的农业专利授权率**

单位：%

| 年份 | A23L | A01N | A01G | 方法 & 产品 | 方法 | 产品 |
|---|---|---|---|---|---|---|
| 1985 | 60.61 | 63.79 | 31.25 | 59.15 | 60.61 | 51.70 |
| 1986 | 61.11 | 48.53 | 55.17 | 46.25 | 76.62 | 51.95 |
| 1987 | 43.33 | 43.33 | 22.50 | 45.12 | 48.72 | 42.67 |
| 1988 | 33.33 | 42.98 | 47.17 | 43.22 | 40.88 | 45.41 |
| 1989 | 31.36 | 36.70 | 36.84 | 26.47 | 33.80 | 40.51 |
| 1990 | 25.13 | 31.82 | 47.50 | 36.75 | 31.88 | 33.59 |
| 1991 | 22.73 | 38.73 | 40.00 | 36.84 | 33.60 | 29.15 |
| 1992 | 20.10 | 25.42 | 30.12 | 30.04 | 27.98 | 25.76 |
| 1993 | 15.25 | 38.61 | 33.33 | 24.59 | 28.95 | 24.50 |
| 1994 | 19.50 | 46.69 | 34.48 | 29.89 | 33.87 | 29.42 |
| 1995 | 27.17 | 42.15 | 39.06 | 33.93 | 42.69 | 33.79 |
| 1996 | 30.43 | 50.81 | 48.05 | 39.26 | 42.70 | 38.95 |
| 1997 | 35.09 | 43.16 | 47.93 | 44.99 | 42.00 | 40.07 |
| 1998 | 37.63 | 44.47 | 52.41 | 49.29 | 45.77 | 42.11 |

续表

| 年份 | A23L | A01N | A01G | 方法 & 产品 | 方法 | 产品 |
|---|---|---|---|---|---|---|
| 1999 | 48.73 | 46.49 | 52.98 | 52.52 | 53.46 | 48.90 |
| 2000 | 43.00 | 47.88 | 50.77 | 51.74 | 53.77 | 44.12 |
| 2001 | 38.76 | 44.88 | 41.82 | 43.60 | 49.50 | 42.28 |
| 2002 | 48.61 | 57.01 | 38.05 | 57.86 | 52.49 | 48.80 |
| 2003 | 45.69 | 54.23 | 54.35 | 56.41 | 54.10 | 47.40 |
| 2004 | 50.21 | 51.40 | 61.75 | 56.00 | 54.95 | 51.40 |
| 2005 | 46.37 | 50.84 | 52.01 | 53.37 | 52.65 | 46.45 |
| 2006 | 40.70 | 45.58 | 45.88 | 51.73 | 43.12 | 42.24 |
| 2007 | 34.36 | 44.12 | 42.40 | 45.28 | 42.44 | 36.72 |
| 2008 | 36.74 | 36.21 | 37.41 | 46.36 | 40.41 | 35.29 |
| 2009 | 37.25 | 40.17 | 43.53 | 47.62 | 44.61 | 34.02 |

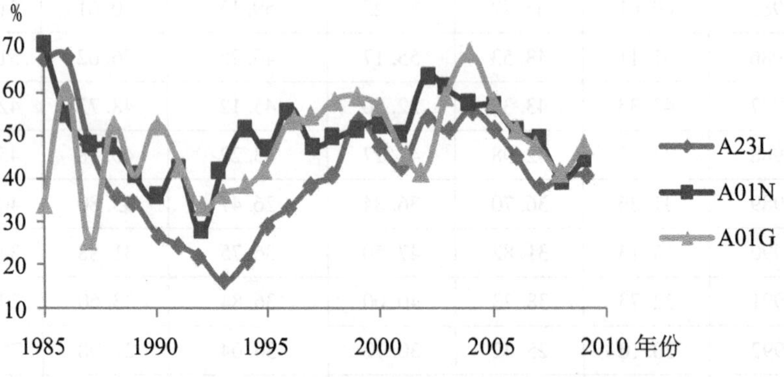


**图 4-8　1985—2009 年专利申请数居前 3 的技术领域农业专利授权率**

从农业专利的不同创新类型来看，三类创新类型的专利授权率大体呈同步变化趋势。除 1993 年之前的年份，三类专利的授权率基本在 30%—60%的区间波动。近年来，除产品专利外，专利授权率的波动区间进一步收窄至 40%—60%。从总体上看，方法 & 产品专利的授权率相对较高，其次为方法专利，产品专利的授权率相对最低。

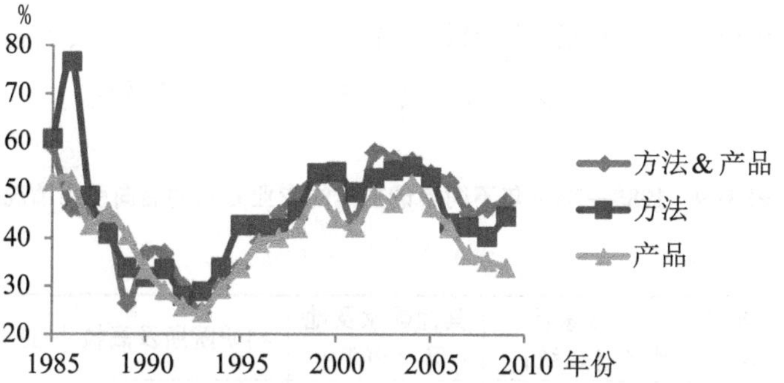


**图 4-9　1985-2009 年不同创新类型的农业专利授权率**

## 4.5 其他刻画专利质量的指标分析

专利授权率是反映专利质量的重要指标。除授权率外，还可以采用专利的引用与被引次数，[1]来考察不同专利申请者、不同技术领域的专利质量情况。

### 4.5.1 农业专利的后向引用

专利的后向引用（citing）是指某专利引用其他专利的条数，它可以在一定程度上表征专利的技术基础。一个专利引用的文献数量越多，表明该专利的技术基础越扎实，专利质量越高。

从专利申请的国别（地区）来看，中国大陆农业专利的平均引用数要高于其他国家及地区农业专利。1985—2009 年存在一定的波动，大体的波动区间为 1.5—2.1 条；其他国家及地区农业专利方面，通过传统渠道及 PCT 渠道申请的农业专利平均引用数为 1.4—1.8 条；且在大部分年份，通

〔1〕 本研究通过匹配国知局专利数据与 Google 专利数据库，得到中国专利的前向引用及后向引用数据。

过PCT渠道申请的农业专利在平均引用数上小于通过传统渠道申请的农业专利。从整体上看，中国大陆农业专利在专利引用方面要多于其他国家及地区农业专利，一个可能的原因是，中国大陆农业专利在很大程度上习惯对国内专利的引用，其在语言方面具有优势，因而引用较多。

**表4-9　1985—2009年不同申请主体的农业专利的后向引用情况**

单位：条

| 年份 | 中国大陆 | 其他国家及地区（传统） | 其他国家及地区（PCT） | 科研院所及高校 | 企业 | 个人 |
|---|---|---|---|---|---|---|
| 1985 | 1.49 | 1.33 | — | 1.60 | 1.36 | 1.32 |
| 1986 | 1.96 | 1.36 | — | 1.86 | 1.66 | 1.69 |
| 1987 | 2.05 | 1.35 | — | 1.85 | 1.73 | 2.10 |
| 1988 | 1.94 | 1.34 | — | 2.04 | 1.69 | 1.71 |
| 1989 | 1.91 | 1.36 | — | 1.78 | 1.61 | 1.93 |
| 1990 | 2.13 | 1.32 | — | 2.25 | 1.78 | 2.04 |
| 1991 | 2.13 | 1.56 | — | 2.10 | 1.98 | 2.06 |
| 1992 | 2.16 | 1.71 | — | 2.23 | 1.71 | 2.23 |
| 1993 | 2.07 | 1.49 | — | 2.37 | 1.97 | 1.95 |
| 1994 | 2.05 | 1.66 | 1.56 | 2.11 | 1.97 | 1.98 |
| 1995 | 1.95 | 1.63 | 1.44 | 1.99 | 1.80 | 1.89 |
| 1996 | 1.91 | 1.56 | 1.53 | 2.05 | 1.71 | 1.85 |
| 1997 | 1.88 | 1.56 | 1.72 | 1.84 | 1.71 | 1.88 |
| 1998 | 1.94 | 1.46 | 1.59 | 2.04 | 1.72 | 1.89 |
| 1999 | 1.94 | 1.70 | 1.77 | 2.08 | 1.90 | 1.84 |
| 2000 | 2.03 | 1.78 | 1.74 | 2.19 | 1.98 | 1.90 |
| 2001 | 1.99 | 1.68 | 1.48 | 2.24 | 1.79 | 1.89 |
| 2002 | 2.05 | 1.73 | 1.62 | 2.30 | 1.90 | 1.90 |
| 2003 | 2.09 | 1.64 | 1.45 | 2.21 | 2.02 | 1.89 |

续表

| 年份 | 中国大陆 | 其他国家及地区（传统） | 其他国家及地区（PCT） | 科研院所及高校 | 企业 | 个人 |
|---|---|---|---|---|---|---|
| 2004 | 1.98 | 1.48 | 1.42 | 2.05 | 1.87 | 1.83 |
| 2005 | 1.92 | 1.61 | 1.61 | 2.01 | 1.97 | 1.73 |
| 2006 | 1.83 | 1.51 | 1.44 | 1.92 | 1.78 | 1.72 |
| 2007 | 1.78 | 1.35 | 1.42 | 1.77 | 1.87 | 1.64 |
| 2008 | 1.68 | 1.53 | 1.22 | 1.76 | 1.68 | 1.57 |
| 2009 | 1.47 | 1.06 | 1.14 | 1.44 | 1.51 | 1.41 |

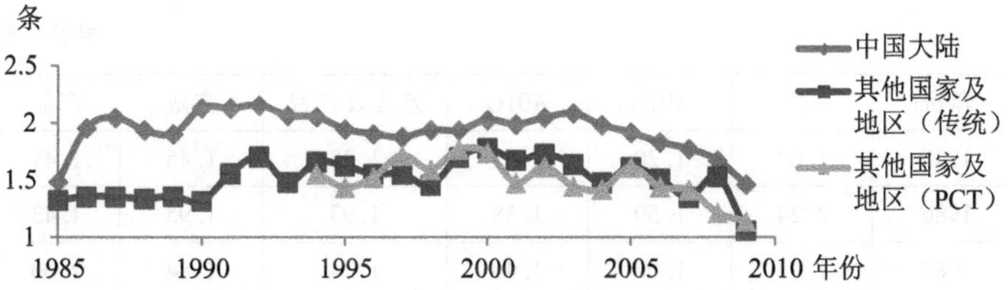


**图 4-10　1985—2009 年不同国家及地区农业专利的后向引用情况**

从不同类型的申请主体来看，科研院所及高校的专利引用数大部分年份居于领先地位，引用数最高的年份达到平均 2.4 条；企业与个人的专利引用数则出现先后领先的趋势：2002 年以前，个人专利的引用数要大于企业专利的引用数，2002 年以后，企业专利的引用数开始超过个人专利的引用数，表明企业也在逐步加强对专利引用的规范，专利的撰写质量有所提升。2002 年是农业科研院所分类改革的起始年份，这一变化或许说明分类改革与企业和农业科研院所的创新产出质量具有正相关性。从最近的年份来看，科研院所及高校的专利引用数较多，并且专利撰写质量较高，而企业与个人的专利引用数相对较少。

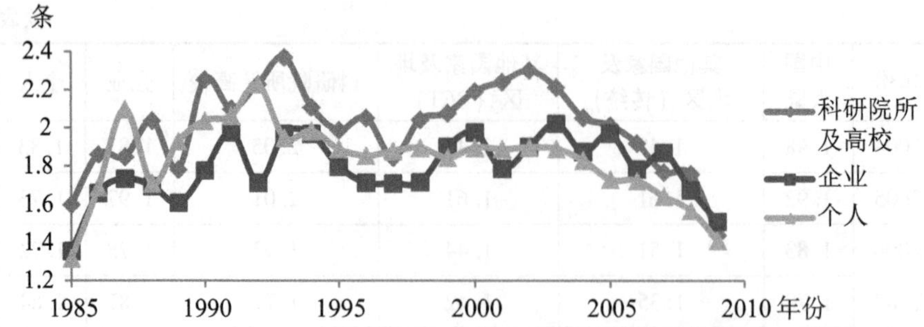


图 4-11　1985—2009 年不同类型申请主体的农业专利后向引用情况

表 4-10　1985—2009 年不同技术领域及创新类型的农业专利后向引用情况

单位：条

| 年份 | A23L | A01N | A01G | 方法 & 产品 | 方法 | 产品 |
|---|---|---|---|---|---|---|
| 1985 | 1.62 | 1.20 | 1.57 | 1.38 | 1.45 | 1.41 |
| 1986 | 2.24 | 1.59 | 1.58 | 1.93 | 1.95 | 1.43 |
| 1987 | 1.93 | 1.08 | 1.46 | 1.74 | 1.84 | 2.00 |
| 1988 | 1.78 | 1.56 | 1.77 | 1.61 | 2.06 | 1.62 |
| 1989 | 2.15 | 1.61 | 1.45 | 1.57 | 1.99 | 1.70 |
| 1990 | 2.24 | 1.55 | 2.06 | 1.96 | 2.06 | 1.98 |
| 1991 | 2.10 | 1.71 | 1.94 | 1.90 | 2.28 | 1.83 |
| 1992 | 2.33 | 1.79 | 1.68 | 2.26 | 2.18 | 1.90 |
| 1993 | 1.98 | 1.67 | 2.29 | 2.06 | 1.99 | 1.96 |
| 1994 | 1.99 | 1.89 | 2.31 | 1.95 | 2.02 | 2.03 |
| 1995 | 1.98 | 1.54 | 2.07 | 2.01 | 1.82 | 1.76 |
| 1996 | 1.84 | 1.90 | 1.68 | 1.82 | 2.03 | 1.77 |
| 1997 | 1.88 | 1.64 | 1.70 | 1.91 | 1.90 | 1.73 |
| 1998 | 2.01 | 1.63 | 1.97 | 1.86 | 1.97 | 1.80 |
| 1999 | 1.97 | 1.74 | 1.76 | 1.92 | 1.88 | 1.87 |
| 2000 | 1.87 | 2.04 | 1.96 | 1.94 | 2.16 | 1.89 |

续表

| 年份 | A23L | A01N | A01G | 方法 & 产品 | 方法 | 产品 |
|---|---|---|---|---|---|---|
| 2001 | 1.95 | 1.87 | 1.79 | 1.92 | 1.93 | 1.87 |
| 2002 | 2.00 | 1.88 | 1.88 | 1.99 | 2.09 | 1.90 |
| 2003 | 2.09 | 1.81 | 1.93 | 2.05 | 2.05 | 1.91 |
| 2004 | 1.91 | 1.77 | 1.83 | 1.87 | 2.01 | 1.86 |
| 2005 | 1.92 | 1.84 | 1.73 | 1.93 | 1.87 | 1.83 |
| 2006 | 1.77 | 1.87 | 1.74 | 1.78 | 1.86 | 1.76 |
| 2007 | 1.75 | 1.68 | 1.51 | 1.83 | 1.78 | 1.64 |
| 2008 | 1.67 | 1.61 | 1.57 | 1.77 | 1.63 | 1.55 |
| 2009 | 1.48 | 1.56 | 1.45 | 1.50 | 1.44 | 1.43 |

从不同技术领域的专利引用情况来看，仍以专利申请量最多的三个技术领域为例。从整体上看，技术领域 A23L 的专利引用数要高于技术领域 A01N 及 A01G，而技术领域 A01G 的专利引用数要高于技术领域 A01N，体现了较为明显的技术领域异质性。但近年来，这三类专利的引用数均呈现下降趋势，并且三类专利之间也呈现一定的收敛趋势。这可能是因为农业技术的收敛，也可能源于数据的截取问题，即较新的农业专利没有披露专利引用信息，或披露得不够全面。

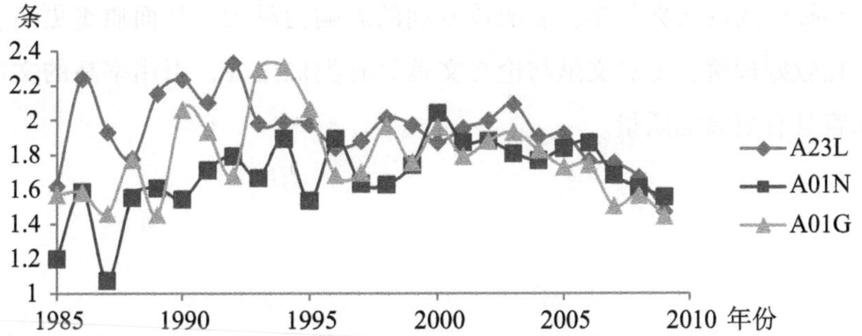


**图 4-12　1985—2009 年专利申请数居前三位的技术领域农业专利的后向引用情况**

从不同创新类型的农业专利引用来看，2007年前，方法专利的平均引用数在大部分年份居于领先地位，2007年后，为方法＆产品专利所超越，产品专利在大部分年份的专利引用数处于相对较低的水平。这种情况很可能源自创新类型的异质性。方法专利通常包括刻画具体的创新方法，它需要引用相对更多的现有技术，而产品专利一般旨在引入一种新的产品，它能够较容易地将该新产品与既有产品进行区分，因而引用的专利文献相对较少。

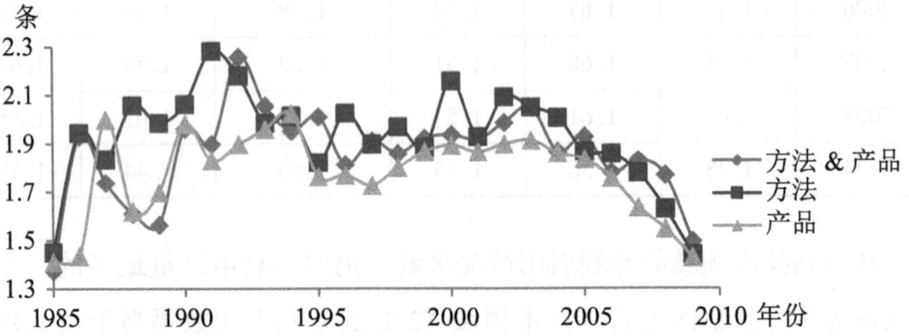


图 4-13　1985—2009 年不同创新类型农业专利的后向引用情况

## 4.5.2 农业专利的前向引用

用专利的后向引用情况来刻画专利质量，主要从现有技术机会、专利撰写质量的维度来进行考察。下文进一步从专利的前向引用角度来考察专利质量。专利的前向引用（cited）是指某专利被其他专利引用的次数，如果专利被引用的次数越多，表明该专利的影响力越大，从而质量更高。这一点比较好理解，专利文献与论文文献具有类似之处，引用率高的文章相对而言具有更高的质量。

表4-11　1985—2009年不同申请主体的农业专利前向引用情况

单位：条

| 年份 | 中国大陆 | 其他国家及地区（传统） | 其他国家及地区（PCT） | 科研院所及高校 | 企业 | 个人 |
|---|---|---|---|---|---|---|
| 1985 | — | — | — | — | — | — |
| 1986 | — | — | — | — | — | — |
| 1987 | — | 3.00 | — | — | 3.00 | — |
| 1988 | — | 1.00 | — | — | 1.00 | — |
| 1989 | — | 2.00 | — | — | 2.00 | — |
| 1990 | 1.33 | 2.38 | — | 2.00 | 2.67 | 1.00 |
| 1991 | 1.83 | 2.14 | — | 1.33 | 2.38 | 1.50 |
| 1992 | 1.65 | 2.11 | — | 1.17 | 2.16 | 1.82 |
| 1993 | 1.82 | 1.98 | — | 1.36 | 1.97 | 2.04 |
| 1994 | 1.96 | 1.89 | 1.00 | 1.88 | 1.95 | 1.93 |
| 1995 | 2.07 | 2.13 | — | 2.04 | 2.09 | 2.09 |
| 1996 | 2.02 | 2.04 | 1.00 | 2.19 | 2.01 | 1.97 |
| 1997 | 2.09 | 1.91 | 2.00 | 2.07 | 2.19 | 2.00 |
| 1998 | 2.03 | 2.13 | 1.00 | 2.11 | 2.16 | 1.96 |
| 1999 | 1.89 | 1.97 | 4.00 | 1.89 | 1.96 | 1.92 |
| 2000 | 1.90 | 3.25 | 2.30 | 1.89 | 2.49 | 1.88 |
| 2001 | 2.40 | 2.96 | 2.89 | 2.83 | 2.83 | 2.75 |
| 2002 | 2.53 | 3.26 | 2.58 | 2.19 | 2.85 | 2.54 |
| 2003 | 2.59 | 2.72 | 2.73 | 2.36 | 2.75 | 2.61 |
| 2004 | 2.77 | 3.25 | 2.72 | 2.62 | 2.87 | 2.87 |
| 2005 | 2.66 | 3.09 | 2.69 | 2.48 | 2.78 | 2.78 |
| 2006 | 2.65 | 2.96 | 3.10 | 2.37 | 2.91 | 2.86 |
| 2007 | 2.79 | 3.05 | 2.98 | 2.59 | 2.85 | 3.04 |
| 2008 | 2.79 | 3.05 | 3.06 | 2.55 | 2.91 | 2.97 |

续表

| 年份 | 中国大陆 | 其他国家及地区（传统） | 其他国家及地区（PCT） | 科研院所及高校 | 企业 | 个人 |
|---|---|---|---|---|---|---|
| 2009 | 2.89 | 3.24 | 3.09 | 2.69 | 2.93 | 3.15 |

从申请主体的国别（地区）来看，其他国家及地区农业专利申请者的专利平均被引次数在大部分年份高于中国大陆农业专利申请者的专利。其中，通过传统方式申请的其他国家及地区农业专利平均被引次数最高。但近年来，三类农业专利的平均被引次数差距呈现收敛的趋势，且三者均呈增长态势。这一点与直觉似乎有点不符，即更早的专利理应被引得更多，因为它们不存在信息公开的时滞问题；而较近的专利由于信息公开有时滞，其被引次数可能会偏低。然而，本研究发现较近年份的农业专利被引次数反而更高，可能的原因在于，技术的快速发展极大地缩短了产业的技术周期，这使得农业专利申请者更加重视对新近专利的专利信息挖掘，从而导致较近年份的专利被更多地引用。

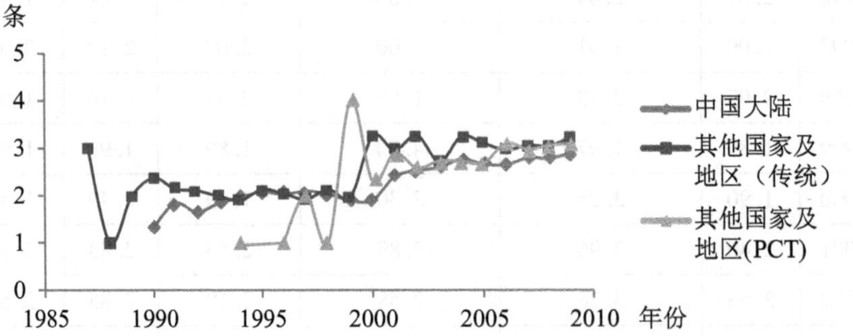


**图 4-14　1985—2009 年不同国别（地区）申请主体的农业专利的前向引用情况**

从不同类型的专利申请主体来看，科研院所及高校的农业专利平均被引次数要低于企业及个人的农业专利被引次数。这与专利后向引用的情况具有很大的差异。这可能是因为，一方面，科研院所及高校的专利申请通常具有较为深厚的理论基础，对其进行合理引用具有较高的进入门槛；另一方面，科研院所及高校的专利更理论化，实践性相对较弱。与较为“高深”的科研院所及高校专利相对应，企业及个人的专利相对简单一些，加上企业、个人申请的专利数量较多，会增加企业专利与个人专利之间的相互引用。

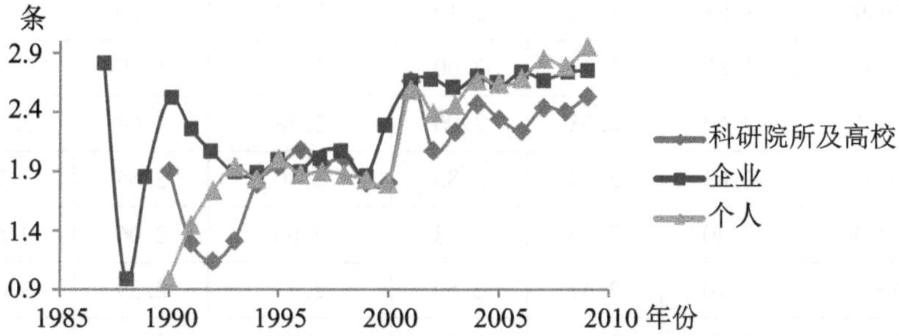


**图 4-15　1985—2009 年不同类型申请主体的农业专利的后向引用情况**

**表 4-12　1985—2009 年不同技术领域及创新类型的农业专利前向引用情况**

单位：条

| 年份 | A23L | A01N | A01G | 方法 & 产品 | 方法 | 产品 |
|---|---|---|---|---|---|---|
| 1985 | — | — | — | — | — | — |
| 1986 | — | — | — | — | — | — |
| 1987 | — | 3.00 | — | — | — | 3.00 |
| 1988 | — | 1.00 | — | — | 1.00 | 1.00 |
| 1989 | — | 2.00 | — | 3.00 | 3.00 | 1.67 |
| 1990 | 1.50 | 2.38 | — | 2.40 | 2.00 | 1.80 |
| 1991 | 1.75 | 2.80 | — | 2.17 | 1.50 | 2.33 |
| 1992 | 2.08 | 2.40 | 1.67 | 2.50 | 1.63 | 1.67 |
| 1993 | 2.03 | 1.90 | 1.75 | 2.00 | 1.89 | 1.78 |
| 1994 | 2.00 | 1.90 | 1.69 | 2.04 | 1.74 | 1.93 |
| 1995 | 2.03 | 2.32 | 3.09 | 1.96 | 2.23 | 2.16 |

续表

| 年份 | A23L | A01N | A01G | 方法 & 产品 | 方法 | 产品 |
|---|---|---|---|---|---|---|
| 1996 | 1.97 | 1.93 | 2.79 | 1.97 | 2.04 | 2.05 |
| 1997 | 2.01 | 1.98 | 2.47 | 1.99 | 2.00 | 2.15 |
| 1998 | 1.99 | 2.09 | 2.31 | 2.03 | 2.01 | 2.06 |
| 1999 | 1.88 | 1.86 | 2.19 | 1.98 | 1.76 | 1.96 |
| 2000 | 1.88 | 2.33 | 2.00 | 2.08 | 1.89 | 2.10 |
| 2001 | 2.69 | 2.68 | 2.00 | 2.58 | 2.64 | 3.09 |
| 2002 | 2.63 | 2.18 | 2.83 | 2.70 | 2.65 | 2.76 |
| 2003 | 2.40 | 2.26 | 2.63 | 2.66 | 2.06 | 2.86 |
| 2004 | 2.70 | 2.42 | 2.59 | 2.73 | 2.39 | 3.06 |
| 2005 | 2.56 | 2.31 | 2.74 | 2.72 | 2.36 | 2.90 |
| 2006 | 2.53 | 2.60 | 2.64 | 2.68 | 2.43 | 3.03 |
| 2007 | 2.67 | 2.43 | 2.85 | 2.72 | 2.46 | 3.18 |
| 2008 | 2.81 | 2.27 | 2.91 | 2.79 | 2.55 | 3.04 |
| 2009 | 2.88 | 2.44 | 2.87 | 2.84 | 2.62 | 3.21 |

从不同技术领域的农业专利被引情况来看，技术领域 A01G 的平均被引次数要高于其他两个技术领域，但其表现出较大的年度波动；技术领域 A01N 在经过早些年份的大幅波动后，在 2002 年之后，变得基本稳定；技术领域 A23L 的专利被引次数相对波动较小，且在 2006 年之后，呈现稳步上升的趋势。由此表明，专利的被引用具有一定的技术异质性，这种异质性会导致有些技术领域的专利更容易被引用，表现出较为明显的技术扩散和技术外溢性。

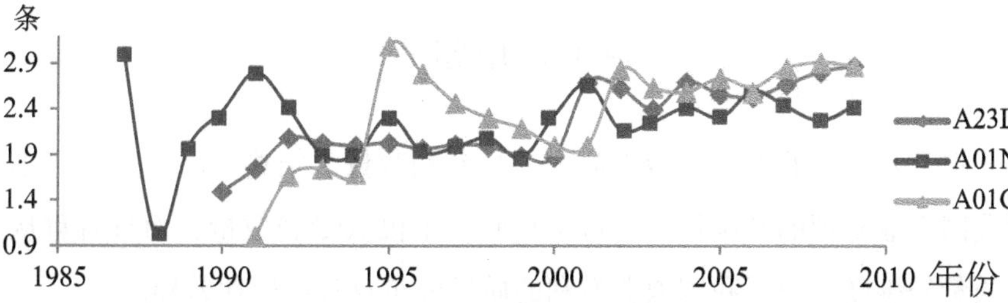


图 4-16　1985—2009 年不同技术领域的农业专利的前向引用情况

从不同创新类型的农业专利被引情况来看，总体来说，产品专利的被引用次数相对较多，其次为方法 & 产品专利，最后为方法专利。这种情形与专利的后向引用情况存在很大差异。如何理解产品专利具有相对较低的后向引用但具有相对较高的前向引用，以及方法专利具有较高的后向引用但具有较低的前向引用？一个可能的解释是，方法专利通常在撰写方面、复杂程度上比产品专利更高，因此，其需要做出相对更为完善的专利文献梳理；由于方法专利相对更为复杂，被后续专利引用到的可能性会降低。这与文献引用具有类似的特征，如一篇旨在讨论方法论的极其复杂的论文可能发表在 *Econometrica* 上，为了体现其贡献性，它会对之前的文献进行广泛而深入的检索；而由于其复杂性，它被引用的概率会相对较低。

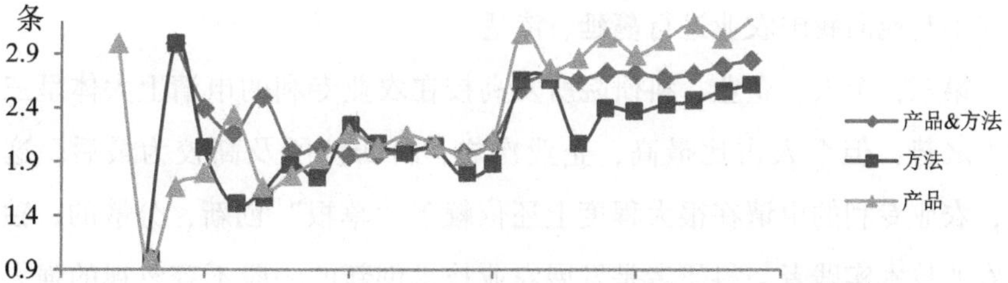


图 4-17　1985—2009 年不同创新类型的农业专利的前向引用情况

## 4.6 本章总结

本章基于农业专利的微观数据，从专利数量、结构、增长趋势等维度对我国农业专利的基本特征进行了刻画。不仅从专利数量，而且着重从专利质量的维度讨论了我国农业专利的质量分布及其结构性差异。

我国农业专利在申请数量方面具有如下特征：

第一，1985—2009 年，我国农业发明专利申请数有了很大提高，且在一些年份（1993 年、2002 年、2005 年）出现了较为明显的跃升，这与我国的农业科技体制改革的关键事件年具有较好的重合性，在一定程度上表明农业科技体制改革可能是提升农业专利申请数的重要力量。

第二，中国大陆申请主体是农业专利申请者的主力军，其申请的专利占农业专利总数的 82.40%。这一方面表明我国农业的开放程度比较低，另一方面表明其他国家及地区申请主体在中国投资的主要领域并非农业。在中国大陆申请者中，申请主要来自科技较为发达的东部省份，如江苏、山东、北京，表明这些科技发达的省市更可能领先一步走上农业现代化的发展道路；而在其他国家及地区申请者中，美国、日本、德国分居前三位，表明这些国家不仅对我国工业及服务业具有强烈的兴趣，其创新力量也在不断地向我国农业进行蔓延、渗透。

第三，个人、企业、科研院所及高校在农业专利的申请上大体呈三足鼎力之势，但个人占比最高，企业次之，科研院所及高校为最后。这表明，农业专利的申请在很大程度上还依赖于“草根”创新，分散的、独立的农业技术实践者与科研者是发展农业技术创新的一股不容忽视的强大力量。与此同时，企业作为农业专利申请的第二主力军，也越来越重视技术对提高农业收益的重要性，这种发展模式将有利于企业将自身发展与我国农业的创新驱动发展战略较好地结合起来。相较而言，科研院所及高校在农业专利申请中的贡献相对较小，原因在于这些研究机构更偏向于更为基础的研发工作，这些工作的可专利性相对较弱，由此表现出相对较小的专利份额。无疑，建立起联结个人、企业及科研机构的合作研究平台，将极大地促进农业技术创新的开发和运用。

第四，我国农业专利在农业细分行业中表现出明显的集聚性。大量的农业专利申请集中在 A23L、A01N、A01G 三个技术领域，三者占全部专利总量的 63.25%。且从这三个行业的专利申请动态发展情况来看，三者均呈不断增长的趋势，且以 A23L 技术领域专利增长为甚，这在很大程度上表明，我国农业专利的增长具有产业集聚趋势，主要为一些专利密集型技术领域所推动。

我国农业专利的质量具有如下特征：

第一，中国大陆专利申请者的农业专利授权率在 2007 年前要低于其他国家及地区申请者，但在 2007 年后初步实现了赶超，表明中国大陆的农业专利申请质量有改善之势。

第二，科研机构及高校的农业专利授权率在绝大部分年份是最高的，其次为企业专利，最后为个人专利。这种情况大体与预期的专利质量、技术水平相一致。

第三，从农业专利的创新类型来看，方法 & 产品专利的授权率较高，其次为方法专利，产品专利的授权率最低。这与三类创新类型专利的申请数基本呈反向关系，即专利申请数量越多，其以授权率为代表的专利质量水平越低。这一点充分表明，在重视专利申请数量时，还需要同时兼顾专利质量水平的提升。

第四，用专利后向引用与前向引用来表征专利质量时，表现出一定的不一致性。譬如，中国大陆专利在后向引用方面要多于其他国家及地区的专利，但在前向引用方面要少于其他国家及地区的专利；科研院所及高校的专利在后向引用方面要多于其他主体专利，但在前向引用方面要少于其他主体专利；方法专利相较于产品专利具有较高的后向引用但具有较低的前向引用，等等。

# 第5章

# 农业科研体制改革对农业技术创新的影响
## ——以农业科研院所转制为例

## 5.1 引言

本章旨在探讨农业科技体制改革历程中的一个标志性事件——农业科研院所转制对科研院所技术创新的影响及其作用机制。本章结构安排如下：首先，介绍了农业科研院所转制的现实背景，包括我国农业科研体系的构成，并指出农业科研院所在农业技术创新体系中的独特地位，农业科研院所的转制历程以及农业科研院所转制的特殊性。其次，梳理了国内农业科研院所转制的相关研究，既包括相关转制的案例分析，基于理论、逻辑推理的规范性分析，也包括少数基于微观转制院所的统计分析研究。再次，本章以中央一级农业科研院所为例，探讨了这些农业科研院所的转制历程、所取得的成效，以及存在的问题。最后，本章利用农业专利数据对农业科研院所的转制绩效进行了实证检验，并探寻转制影响技术创新的两种作用机制。

# 5.2 农业科研院所转制的政策背景

## 5.2.1 我国农业科研体系的构成

从宏观的组织结构上来看，我国的农业科研体系主要包括从事农业研究的科研机构、农业高等院校和涉农的各类企业三大主体。其中，农业科研机构主要由分别隶属中央、地方（省和地市）的农业科研院所组成。中央一级的农业科研院所包括由农业部管理的中国农业科学院、中国热带农业科学院和中国水产科学研究院，由水利部管理的中国水利水电科学研究院和南京水利科学研究院，以及由国家林业局管理的中国林业科学研究院（以下简称“六院”）。地方（省和地市）一级都分别有各自下属的农业科学院。农业科研院所的主要任务是从事农业方面的科学研究；农业高等院校则以农业知识的教学和传播为主，同时也承担一定的农业科研任务；各类涉农企业则以农业技术的开发应用和推广为主。

在中央一级的农业科研院所中，中国农业科学院下辖 39 个研究所及研究生院、中国农业科学技术出版社、农业遗产室等 42 个直属机构，它们分布在全国 16 个省（自治区、直辖市）；中国热带农业科学院下辖 10 个研究所，1 个分析测试中心和 3 个实验站；中国水产科学研究院下辖 9 个研究所（中心），4 个实验站；中国水利水电科学研究院下辖 12 个研究所（中心），1 个应用开发中心；南京水利科学研究院下辖 10 个研究所（中心），1 个研究推广中心；中国林业科学研究院下辖 15 个研究所（中心），3 个研究开发中心和 4 个实验中心。具体情况见附录 2。

在上述三大创新主体中，农业科研院所在中国农业技术创新发展过程中具有中流砥柱的作用。据统计，全国有 1000 多个农业科研院所，其中有 64000 名科研人员从事农业科学技术研究，大约占全国农业科研人员总数的60%；且在国审和省审农作物品种中，分别有80%和70%以上的农作物是由农业科研院所育成。经过多年的发展，农业科研院所在许多重要的农业科研领域取得了一系列优秀成果，如动植物新品种的培育、重大病虫害的防控、科学种养技术的研究推广等（夏贤格，2014）。

### 5.2.2 科研院所转制的含义

科研院所的转制是指，科研院所在管理体制或运行机制方面的转换。科研院所转制的目的，就是要大幅提升我国自主创新能力，并从根本上解决科技与经济相脱节的问题。转制的主要方向是将那些有能力面向市场的、从事应用性研究的科研院所整体转制为科技型企业或者部分进入企业，并按照现代企业制度进行管理和运行；那些从事基础性、公益性研究的科研院所保留事业单位性质，其余院所或进入高校，或转为非营利性机构，或转为中介和服务咨询机构。

我国科研院所分类改革始于1999年8月，当时中共中央、国务院作出了《关于加强技术创新，发展高科技，实现产业化的决定》，提出按照党的十五大要求，通过进一步深化科技体制改革，创造有利于科技成果转化的体制机制，推动技术创新、高科技的发展和产业化的实现。为了落实这项改革目标，国务院办公厅于2000年5月转发科技部等部门《关于深化科研机构管理体制改革的实施意见的通知》，确定了社会公益类科研机构改革目标、方向和政策。该通知指出该轮改革的重点是实施分类改革，对那些主要从事基础研究或者提供公共服务、不适合面向市场、需要财政支持的科研机构，按非营利性机构运行和管理，重新核定其编制，保留的工作人员总体上不超过原来的30%，同时加强学科建设和内部运行机制的改革；另外，要求占总数50%以上的、有盈利能力的社会公益类科研机构转制为科技型企业。这一改革对国家农业科技资源进行了重大调整，调整的主要依据是农业科研院所的研究性质及面向市场的能力。国家财政将原来计划投资于拟转企农业科研院所的科技事业经费转投到拟转制为非营利性科研机构的农业科研院所，以充分支持非营利性农业科研院所从事具有较大正外部性、与市场需求较难接轨的基础性科研工作。

### 5.2.3 农业科研院所转制的特殊性

经过 2—3 年的前期准备，紧跟国家经贸委所属的 242 个科研院所的转制步伐，农业部等九个部门所属的科研机构于 2002 年启动实施分类改革。值得一提的是，农业科研院所在转制方向和转制类型上，与其他类型科研院所类似；但由于农业本身具有特殊性，如季节性、区域性、公益性强、回报周期长、对自然因素较为依赖等，这就使得农业科研院所的转制具有与其他院所转制不同的特点，这表现在农业科研院所转制具体实施的过程中，其周期更长、转制过程也更为复杂和困难。因此，农业科研院所的转制具有更加明显的强制性制度变迁的特点，转制的顺利完成更加依赖政府的合理引导和政策支持。

农业科研院所转制工作启动后，国家先后颁布了一系列的文件来指导推进这项改革。譬如，2005—2008 年的中央一号文件均强调深化农业科研体制改革、大幅增加农业科研投入、深化农业科研院所改革的重要性，强调要开展稳定支持农业科研院所分类改革的试点工作。在组织实施方面，国家部委也进行了相应的部署。譬如，2005 年 4 月，组建了由农业部、科技部牵头，相关部委参加的国家农业科技创新体系建设领导小组和办公室，研究制定了《国家农业科技创新体系建设方案》；2007 年 12 月，农业部会同财政部联合印发了《现代农业产业技术体系建设实施方案（试行）》，正式启动现代农业产业技术体系建设试点工作；2006 年，国家设立了公益性行业科研专项，选择公益性强、行业科研任务较重的 10 个部门作为试点，用专项经费资金支持其开展科研工作，旨在提高行业发展的科技支撑力度。这些顶层设计及其实施构成了自 1985 年以来三轮农业科技体制改革基础上的又一次政府主导的大规模强制性制度变迁过程。

## 5.3 相关研究梳理

### 5.3.1 科研院所转制相关研究

我国农业科研院所是全国科研院所的一部分，它的转制也紧跟全国科研院所转制的步伐，农业科研院所转制在某些方面的特点与其他类型科研院所转制的特点相类似。在转制以前，科研院所的研究成果不能很好地与市场和企业的需求进行对接，而以科研院所的企业化转制为代表的科技体制的改革能够加强科研人员的市场意识，加速科研成果的转化和应用（汤世国，2000）。徐冠华（1999）认为应用开发类科研院所企业化转制，走科技产业化道路，是解决上述问题的有效途径。一些学者通过对地方及全国科研院所转制进行调研和案例分析总结了科研院所转制的特点。譬如，李志军（2005）通过对湖北开发类科研院所转制情况的调研发现，转制后的科研院所在管理和运行机制方面有所改善、技术创新能力有所提高、创新和创业意识有所增强、辐射覆盖面有所扩大、科研人员的待遇有所提高，然而也存在科研水平下滑、中央省属机构两极分化明显、历史遗留问题得不到解决、部分院所“穿新鞋，走老路”等问题。周志华等（2009）考察了广西22所转为企业的技术开发类科研院所的转制情况后，发现一些科研院所在转制后的科研成果有所减少，他们将其原因归结为科研院所面临经济创收方面的压力。他们还考察了其他省份科研院所转制的情况，将转制的类型概括为三种：激进型（如浙江省和江苏省）、迟缓型（如四川省）和整体深化改革型（如广东省），并分析了各类转制的利弊。罗仕漳（2010）对地方应用型科研院所转制的研究发现，一些院所在转制后存在发展后劲不足、过度市场化的问题，其原因在于与国家大型科研院所相比，地方科研院所规模小、资金缺乏、转制后不具备竞争优势。他提出了适度市场化策略来解决这一问题，即将共性技术研究与追求经济效益的目标进行有机结合。汤蕴懿（2010）也认为，我国科研院所企业化转制虽然提高了科技成果的产业化水平，但形成了共性技术供给不足的局面。由于共性技术的研发需要投入巨大的成本，也存在其他企业“搭便车”的问题，转制后的科研院所要么成为共性技术的垄断者，要么减少甚至放弃对共性技术的研究，造成了共性技术供给的不足。吴寿仁（2010）也发现科研院所转制后，往往会选择从事一些短平快的研究项目，而对周期长、投入大、见效慢的科技项目缺乏研究的积极性，导致一些行业共性技术的研究能力下降。亢海燕和刘淑玲（2006）总结了科研院所转制过程中出现以上种种问题的原因，他们将其归结为以下几点：第一，科研人员观念难以转变、缺乏竞争意识；第二，转制后的地方科研院所缺乏有市场经验的管理团队；第三，转制后的院所科研资金不足；第四，转制后的科研院所没有与企业建立良好的合作，导致科研成果难以进行有效转化。李纪珍和王倩（2013）分析了科研院所转制对共性技术发展的影响，提出了构建产业共性技术平台的四种策略——“向下整合”“独立环节”“向上整合”和“一体化整合”。他们提出，依托转制院所的共性技术发展应根据产业格局和研究开发链格局采取多样化的建设模式，我国纺织产业适合采取“一院两制（或承包运营）”的模式，以构建完整的纺织产业共性技术发展载体。徐宁（2008）对转制科研院所的产业化进行了研究，他根据制度经济学中制度变迁的概念，将转制科研院所的产业化模式分为制度变迁和制度运营两种模式，前者是指改制尚处于过渡时期的科研院所产业化可选择的模式，又进一步划分为“转制型”“进入型”“改造型”等十种类型；后者是指转制已完成的科研院所产业化可供选择的类型，又进一步划分为“普通企业生产模式”、“虚拟企业模式”和“网络模式”三种类型。比较遗憾的是，从总体上看，基于科研院所微观数据的研究很少，蒋仁爱等

(2012) 利用1998—2005年中国部分科研院所的均衡面板数据，对科研院所转制的政策效果进行了评估。他们发现，与未转制院所相比，转制为企业和非营利性科研机构的科研院所在产出效率上有显著的改善。对于转制为科技型企业的科研院所来说，转制后其商业化导向得到进一步增强，总收入也有所提高；对于非营利性科研院所来说，转制后其得到的政府资助和科技收入都有所增加，这为其开展基础研究提供了资金保障。

### 5.3.2 农业科研院所转制相关研究

不少研究发现，农业科研院所在转制过程中也有一些不同于其他类型科研院所转制的特殊性。譬如，唐冰璇（2014）认为我国的农业科研具有周期长、地域性强、风险大、公益性强等特点。周国英（1999）指出我国农业科研院所转制主要面临以下难点：转制后院所的定位、产权的界定、人员分流以及医疗、养老等配套政策的落实。他认为需要通过找准定位、明晰产权、定岗定责及给予转制院所配套的社会保障政策和优惠政策来保证转制的顺利完成。辛贤（2001）认为农业院所进行企业化转制后将面临农业科研经费不足的问题，因为一方面来自政府的经费投入会越来越少，另一方面，由于农业公益性强、回报周期长，私人部门对农业科研的投资也非常有限。夏贤格（2014）认为我国农业科研院所的改革存在职能定位不适应现代农业的需要、资源布局不合理、农业科研投入不足、管理体制改革滞后等问题。刘文梅等（2014）以河北省农林科学院为例，论述了实行“一院两制”或“一所两制”模式存在的问题，主要包括分流人员与维持事业编人员之间的收益差异，企业化改革后续政策支持未落实，转制企业人才匮乏、治理不规范，农村科技型企业进入门槛高等。依据这些问题，他们提出应当保障分流人员基本福利，经营性资产和资金收益按分流人员数量依统一标准重新核定，在各转制企业之间相互调剂，达到相对平衡；同时进行股权改造，健全法人治理结构，增强员工主人翁意识等措施。李友军和李雪桃（2003）总结了南斯拉夫农业科研院所转制的主要经验，发现南斯拉夫在 20 世纪 60 年代进行的农业科研院所转制取得了较大成功，南斯拉夫的成功实践对我国农业科研院所转制有以下启示：转制院所要面向市场、建立健全知识产权保护体系、加强品种培育和开发、重视人才的作用等。

## 5.4 农业科研院所转制及其发展
——以中央一级农业科研院所为例

### 5.4.1 农业科研院所转制情况

本节论及的中央一级农业科研机构是指原农业部、原水利部和原国家林业局（以下简称“三部局”）下属的农业科研院所。从 1985 年开始，科研院所转制经历了有偿合同制、减拨事业费、调整结构、分类改革和建立国家农业科技创新体系等阶段。原农业部、原水利部和原国家林业局所属中央一级农业科研机构，于 2002 年全面启动了分类改革工作。

在改革之前及改革实施的过程中，“三部局”颁布了一系列的指导性文件，如《科学技术部、财政部、中编办关于对水利部等四部门所属 98 个科研机构分类改革总体方案的批复》《科学技术部、财政部、中编办关于农业部等九个部门所属科研机构改革方案的批复》。据统计，中央一级农业科研机构分类改革后，“六院”在职职工总数 20 276 人，离退休职工数 13 966 人，拟定创新编制数 6448 人，占“六院”总编制数的 21.4%，占在职职工总数的 31.8%[1]。据统计，“六院”下属机构总数为 112 家，其中，非营利性科研机构 55 家，占机构总数的 49.1%；拟转制为企业的科研机构 40 家，占机构总数的 35.7%；转制为农业事业单位的科研机构

[1] 此处及下文数据来源于前文所述两批复文件中的附件一览表。

12家，占机构总数的10.7%；进入大学的科研机构5家，占机构总数的4.5%。2002年的统计数据显示，原农业部所属66个研究所进行分类改革后，有29个研究所转制为非营利性科研机构，占机构总数的43.9%；有22个研究所转制为科技型企业，占机构总数的33.3%；有11个研究所转为农业事业单位，占机构总数的16.7%；有4个研究所进入大学，占机构总数的6.1%。原水利部所属科研机构进行分类改革后，按非营利性科研机构管理和运行的有18个，占机构总数的34.6%，有7个机构整体转为科技型企业，占机构总数的13.5%；另有1个机构转为事业单位。原国家林业局所属20个科研机构进行分类改革后，按照非营利性科研机构管理的研究所8个，占机构总数的40%，进行企业化转制的研究所有11个，占机构总数的55%，转制为科技中介的有1个。

### 5.4.2 农业科研院所转制效果评价

农业科研院所分类改革实际上是对用于农业的科技财政资金分配的重新调整。它与国有企业改革具有类似的改革逻辑，但在这里，“抓大放小”并不是取决于农业科研院所的规模，而是更多地取决于农业科研院所主要从事研究的类型（基础研究、应用研究及试验发展研究）及其构成，其科研成果与市场需求的契合程度。改制的结果可以直观地理解为将部分拟转企业型科研院所的资金，甚至部分拟转为事业单位的科研院所的资金，重新划归给拟转型为非营利机构的科研院所，即抓住拟转制为非营利机构科研院所的“大”，部分释放拟转制为企业的科研院所的“小”，而对拟转制为事业单位的科研院所基本保持原状。

从改革逻辑上看，这种资金的重新配置将有利于国家集中财政资金来做大做强一些非营利性农业科研机构，鼓励其长期、持续地从事收益较低但正外部性强的基础研究。对于事业单位基本维持现状，也有利于巩固既有的资金投入格局，稳定其传统的研究活动。对转制为科技型企业的农业科研院所而言，可能最具有争议，也容易出现非常明显的两极分化：对于一些研究基础较好、市场整合能力较强的农业科研院所，转制为科技型企业后，相较于其他类型企业，它具有相对较强的研究能力；相对其他农业科研院所，它的研究成果更容易与市场接轨，因此，有一部分转制为科技型企业的农业科研院所在转制后预期会迅速发展壮大。反之，一些经营管理体制没有较快与市场相对接、科研成果难以迅速实现转化的农业科研院所，在转企后由于没有了政府资金的支持，其发展可能会面临“瓶颈”。因此，从理论上看，农业科研院所企业化转制的预期效果会具有相对较大的波动性与不确定性。

中央一级农业科研机构的调研报告显示，转制为非营利机构的农业科研院所取得了较为丰硕的成果，主要体现在以下方面：第一，人才结构优化，人才队伍建设得到不断加强。各院所通过大力引进优秀人才、短缺人才，不断优化人才结构，加强人才梯队的建设，为国家农业科技创新体系的建设提供了人才保障。第二，农业科研实力和农业科技创新能力有所增强。转制后的非营利性农业科研机构，由于科研资金更加充裕，科研条件得到了较大改善，科研人员的积极性也被调动起来。这为非营利性农业科研机构紧跟国家战略需求的步伐，承担公益性较强的基础研究提供了充分的资金保障，为农业科研人员解决了后顾之忧。因此，转制后非营利性农业科研院所的科研实力和创新能力都得到了提升，这为我国农业发展提供了强大的科技支撑。

上述成果在很大程度上体现为非营利性农业科研机构的绩效改善，这一点不足为怪。因为转制后，国家将更多的农业科技资源转投到该类研究院所。在取得了一定成效的同时，农业科研院所转制也存在一些问题，这些问题更多地体现在转制为农业事业单位和转制为科技型企业的农业科研院所当中，当然，某些问题在非营利性农业科研机构中也同样存在。存在的问题主要体现在以下方面：

第一，部分科研院所分类改革的职能定位不够明确。从农业科研院所分类改革的实践来看，受全球农业发展形势变化的影响，最初确定的分类改革方案与实际不完全相符。例如，隶属中国农业科学院的兰州兽医研究所主要从事动物疫病流行病学的研究，其研究水平在我国乃至全球都享有较高的声誉，2002 年的农业科研院所分类改革拟将其转制为农业科技型企业。然而随着 2003 年以来的非典、禽流感、埃博拉等疫情在亚洲和非洲一些地区肆虐，有的甚至危及国家公共卫生安全，动物疫情调查和预警研究在此背景下，更凸显其重要性。但一个在动物疫情防治研究方面如此重要的研究所如果被转制成了企业，以利润最大化为目标开展其研发活动，那么国家的公共卫生安全是无法得到有效保障的。

第二，转企科研人员的社会保障资金衔接和落实不到位。由于农业科研院所分布在全国各地，一些院所在转企后职工的养老、住房、医疗等社会保障需要进入地方社保体系，虽然中央对此出台了相关意见和政策，但这些政策在一些地方难以有效落实。例如，国家规定转企职工在转制前的养老保险依据连续工龄年限视同缴纳，无须再补缴，但由于一些地方财政无力或不愿意承担这部分支出，导致中央的规定在地方难以兑现。转企职工身份的改变，使得他们退休后所享受的养老金标准降为原事业编身份养老金标准的一半以下，如果要按照原来的标准发放养老金，则这部分金额需要由科研院所自己承担，而大部分科研院所根本无力承担这一资金压力。

第三，转企农业科研院所的科研投入严重不足。由于转制后，国家将拟投资于转企院所和部分转制为事业单位的农业科研院所的科研经费转投到非营利性科研机构之中，导致转企的农业科研院所科研投入大幅减少，造成农业科研投入严重不足的局面。这主要体现在政府对农业科研的投资强度过低，农业科研单位的研究经费不足，农业科研缺乏专项资金投入等方面。

第四，转制后的农业科研院所资产难以界定和处置。对于非营利性科研机构，资产处置的主要困难在于房产的分割与评估。由于房产属于固定资产，其分割缺乏具体规定，而如果将其一次性剥离，所需评估费用又较高。对于转企的科研院所，转制后的企业可以是国有独资企业，也可以是有限责任公司或者股份有限公司。进一步，对于转制类型不同的研究所，其资产处理的规定和程序也不一样，加上具体的操作过程缺乏实施细则，因而致使转制进程无法推进。对于转企科研院所的非经营性资产，其认定部门和界定范围也都没有明确。

### 5.4.3 农业科研院所转制的政策建议

针对上述问题，在推进农业科研院所改制过程中，政府需要着力解决两类问题。

第一类问题涉及农业科研院所分类改革的定位。分类改革中最重要的一个环节是农业科研院所的分类定位，也就是要明确哪些院所需要保留甚至强化其公益性，哪些院所需要进行企业化转制、面向市场。目前的分类主要依循以下标准进行：对于那些主要从事基础研究、前沿和共性技术研究、重大集成和示范技术研究、不适合面向市场的农业科研院所，应当按照公益类非营利性科研机构进行管理和运行；对于那些兼具公益性职能和经营开发类活动的农业科研机构，应当进行分类管理：对于其承担的公益类职能，按照非营利性科研机构进行管理，对于其有能力面向市场的经营性职能部分，可以将其剥离出来，按照现代企业制度进行管理和运行。这种分类指导思想具有合理性，但由于公益化程度没有具体的衡量指标，在现实的划分中可能会存在问题。考虑到分类改革涉及财政资金的转移，对于不同院所而言，这意味着在财政收益上的零和博弈。因此，在现实中也可以发现，虽然一些院所在改制时被认定为进行企业化转制，但它们在改制之后又强烈要求转变为非营利性科研机构。这种要求一方面源于想争取国家资金支持的迫切需求，另一方面表明一旦离开政府的支持，它们不能在市场中获得较好的生存发展空间。因此，在进行农业科研院所转制模式的选择上，不能将农业科研院所划分为纯公益和面向市场两类，并机械地依照这个标准进行分类改革。现实当中的许多科技问题都比较复杂，很难单纯地界定它属于基础研究还是开发研究，或者说很难界定它具有公益性还是盈利性。在这种情况下，简单地依照上述两类标准实施农业科研院所的分类改革会有生搬硬套之嫌。

第二类问题是完善并落实改革配套政策。之前的分析表明，非营利性农业科研机构、转企农业科研院所和转为农业事业单位的科研机构都存在难以进入地方社保体系、人员分流渠道狭窄、经营与非经营性资产剥离困难、京外单位住房补贴不到位等共性问题。国家应针对这些具体问题，从体制、法规、政策等多层面入手，尽快制定和完善相关政策，提出切实可行的解决办法。

## 5.5 农业科研院所转制影响农业技术创新的实证分析

本节旨在构建农业科研院所转制的虚拟变量，并基于省级面板数据实证研究农业科研院所转制对以农业专利为代表的农业技术创新的影响。从数据角度来看，这是一项非常具有挑战性的工作。难点主要体现在如下两个方面：一则，很难准确地构建转制变量；二则，很难得到具有较多样本量的农业技术创新数据。尽管如此，本研究拟在该实证研究上作出边际贡献。

本节将从如下两个层面展开分析：第一，考察农业科研院所转制对农业技术创新的总体影响。在研究中，结合数据的可获得性，笔者将努力控制其他因素，如时间趋势、省份经济发展水平等因素对农业技术创新的影响，以期分离出农业科研院所转制的作用效果；第二，进一步考察农业科研院所转制影响农业技术创新的作用机制。本节主要考察两类机制：一则农业科研院所转制通过影响研发资金的使用效率，进而影响农业技术创新；二则农业科研院所转制所在地区的整体环境对转制作用效果的影响，笔者预期这种转制效果在那些科研院所集中的省份更为明显。

## 5.5.1 研究设计

### 5.5.1.1 农业科研院所转制变量的构建

由于笔者目前无法获得农业科研院所的微观数据，也无法获得省份层面有多少院所在何年进行了转制，因此不能对农业科研院所转制进行精确刻画。退而求其次，笔者尝试从全国层面来构建转制变量。

从我国农业科技体制改革的历史可知，我国大规模的农业科研院所转制发生于 2002 年年底，并要求所有农业科研院所于 2004 年完成转制。从这个角度来看，这种硬性的改制时限规定，在很大程度上增加了该政策变量的外生性。据此，以 2002 年为界，将 2002 年之前定义为政策执行前的区间，记为 0；将 2002 年之后定义为政策执行后的区间，记为 1。进一步，考虑转制始于 2002 年年底，该年份具有一定的噪音，因此在实证中删除该年份样本。采用这种方式定义转制变量后，在回归中不能够再加入时间固定效应，因为后者与本节所定义的政策变量完全共线。为了将年份影响因素考虑进来，笔者在回归中控制了时间趋势，即采用线性的方式进行控制，而不采用离散的形式。

### 5.5.1.2 农业技术创新变量的选取

结合数据的可获得性以及第 4 章提到的专利在刻画技术创新方面的独特优势，本节主要采用省份层面的农业专利数来刻画农业技术创新。遗憾的是，笔者无法系统地获得省份层面的农业专利数据（包括发明专利、实用新型专利及外观设计专利），一个变通的做法是，假定省份的农业专利分布与其农业的相对规模具有稳定的正相关性，并用一省的专利总数与该省第一产业产值占比的乘积来近似地表征该省份的农业专利数；通过这一转换，可以得到省份层面非常丰富的专利数据，包括发明专利、实用新型专利及外观设计专利的申请数及授权数。

5.5.1.3 模型设定

在确定核心解释变量与被解释变量后，可以进行相应模型构建。本节利用近似的双向固定效应模型来识别农业科研院所转制对农业技术创新的影响。具体模型设定如下：

$$ln\ (Y_{it}) = a_0 + a_1 \times policy_{it} + AX + u_i + a_2 \times year + \varepsilon_{it} \quad (5\text{-}1)$$

其中，$Y_{it}$ 为各类农业专利数量。考虑到与申请专利相比，授权专利通常具有更高的质量，因此在回归中主要采用农业专利授权数，而将农业专利申请数作为稳健性检验（回归结果置于附录 3）。$policy_{it}$ 为衡量是否转制的虚拟变量，是则取值为 1，否则取值为 0。X 为其他控制变量，主要包括农业人均收入，用来控制地区经济发展水平对农业技术创新的影响。笔者也尝试控制了其他变量，如经济开放程度（包括贸易占 GDP 的比重，FDI 在 GDP 的占比），但后者与农业人均收入变量具有高度相关性，为避免多重共线性，在主方程中只控制了农业人均收入变量；$year$ 为一个连续型的变量，用以控制线性的时间趋势；$u_i$ 表示省份固定效应，用来控制个体不随时间改变的异质性因素；$\varepsilon_{it}$ 表示随机扰动项；$a_0$、$a_1$、$A$、和 $a_2$ 表示系数。将模型中的连续变量（除年份外）统一取对数，一方面是基于平滑数据的考虑，另一方面是因为取对数具有非常丰富的经济含义，且由于是省份层面的加总数据，在取对数时，亦可较少受到大量零值的干扰。值得一提的是，通常专利数据要求采用计数模型，如经典的负二项模型。但该方法并不适合于本节的研究情境：一则，本节采用的是加总的省份层面数据，专利数量从总体上看具有较强的连续性；二则，本节用省份层面的专利数据乘以该省第一产业产值占比来构建农业专利数据，使其计数特征被大幅削弱。基于此，在回归中采用常用的线性固定效应模型。

进一步，本节尝试考察农业科研院所转制影响农业技术创新的作用机制。第一个机制在于，农业科研院所转制促使部分院所转制为农业科技型企业，在很大程度上成为一个向市场求生存、自负盈亏的经营主体，相较于转制之前，预期会在两方面发生转变：首先，企业化转制院所会更倾向于申请专利。相对于其他创新产出形式（如论文、著作），专利与市场最为接近，也最容易为企业带来收益。其次，企业化转制院所会更加注重研发的效率。科研院所转制的一个重要特征是将院所的预算约束转化为硬性约束，笔者预期这会对院所的研发资金使用带来正向的促进效果。为了验证这一机制，设定如下回归模型：

$$ln(Y_{it}) = b_0 + b_1 \times policy_{it} + b_2 \times policy_{it} \times \ln(rd)_{it} + b_3 \times \ln(rd)_{it} + BX + u_i + b_4 \times year + \varepsilon_{it} \quad (5-2)$$

其中，$Y_{it}$ 仍然为各类农业专利数量；$policy_{it}$ 仍为衡量是否转制的虚拟变量；$\ln(rd)_{it}$ 为刻画农业研发投入的变量，包括农业科研院所内部 R&D 经费支出、农业科研院所 R&D 人年；$X$ 为其他控制变量；$u_i$ 表示省份固定效应；$\varepsilon_{it}$ 表示随机扰动项；$b_0$、$b_1$、$b_2$、$b_3$、$B$ 和 $b_4$ 表示系数。在检验这一机制时，本节关注的回归系数为 $b_2$，若该系数显著为正，表明农业科研院所转制能够在一定程度上提升院所的研发效率，进而更高效地获得专利。

本节尝试检验的第二个机制在于，农业科研院所转制的专利提升效果依赖于省份间的整体政策环境。笔者预期如果一个省份具有更大比例的农业科研院所，转制的作用效果会更为明显。以 2013 年为例，陕西的农业科研院所 R&D 经费内部支出为 2524.3 万元，而北京农业科研院所 R&D 经费达到 169 086.8 万元，两者相差悬殊，因此，可预期农业科研院所转制的宏观作用效果在那些科研院所较为密集、且科研院所平均规模较大的省份中会更大。据此，可以设定如下模型进行检验：

$$ln(Y_{it}) = c_0 + c_1 \times policy_{it} + c_2 \times policy_{it} \times scale + CX + u_i + c_3 \times year + \varepsilon_{it} \quad (5-3)$$

其中，$Y_{it}$ 和 $policy_{it}$ 的定义与上述方程相同，$scale$ 为刻画地区农业科研院所规模的变量，为一虚拟变量。由于笔者无法获得不同年份各省份内农业科研院所的数量及其规模，结合数据的可获得性，以 2013 年各省农业科研院所 R&D 内部经费的中位数为界，将高于中位数的省份称为农业科研院所规模较大的省份，记为 1；反之，记为 0。$X$、$u_i$ 和 $\varepsilon_{it}$ 的含义与上述方程相同；$c_0$、$c_1$、$c_2$、$c$ 和 $c_3$ 表示系数。笔者关心的关键回归系数为 $c_2$，如果 $c_2$ 显著为正，表明政策的作用效果在农业科研院所规模较大的省份中更为强烈，这也从另一侧面反映出，笔者所检验的确实是农业科研院所转制的作用效果。

### 5.5.2 数据及结果

#### 5.5.2.1 核心变量描述统计

本研究所使用的专利数据、R&D 内部经费支出、R&D 人员全时当量来自历年《中国科技统计年鉴》。2013 年农业科研院所内部 R&D 经费支出数据来自农业部教育科技司的统计资料《2013 年全国农业科技统计资料汇编》。用于农业专利转换的第一产业产值比重变量来自国泰安的农业研究数据库。本部分实证回归的数据结构为 1978—2013 年的平衡面板。本章将实证中使用的价值变量统一用 GDP 平减指数进行平减，并用 1978 年的不变价格表示。主要变量的描述统计情况见表 5-1。

表 5-1　主要变量描述统计

| 变量 | 观测值 | 均值 | 方差 | 最小值 | 最大值 |
|---|---|---|---|---|---|
| 授权发明专利 | 689 | 70.26 | 137.7 | 0.189 | 1105 |
| 授权实用新型 | 689 | 407.8 | 711.7 | 0.343 | 6091 |
| 授权外观设计 | 688 | 272.7 | 811.5 | 0.234 | 11 108 |
| 申请发明者 | 689 | 320.1 | 711.4 | 0.647 | 8758 |

续表

| 变量 | 观测值 | 均值 | 方差 | 最小值 | 最大值 |
|---|---|---|---|---|---|
| 申请实用新型 | 689 | 572. 1 | 929. 5 | 0. 810 | 7992 |
| 申请外观设计 | 689 | 436. 8 | 1229 | 0. 405 | 16 146 |
| 农业 R&D 人年 | 464 | 5364 | 4864 | 59. 40 | 28 902 |
| 农业 R&D 内部经费支出（万元） | 464 | 29 595 | 36 444 | 148. 2 | 254 760 |
| 农业人均收入（元） | 689 | 807. 5 | 493. 3 | 229. 6 | 3276 |
| 2013 年农业科研院所内部 R&D 经费支出（万元） | 32 | 36 707 | 31 538 | 2524 | 1. 691e+05 |

注：R&D 内部经费支出、R&D 人年也通过与第一产业产值比重进行加权，转化为农业 R&D 内部经费支出、农业 R&D 人年；农业科研院所内部 R&D 经费支出只含有 2013 年。

#### 5. 5. 2. 2 农业科研院所转制对农业专利授权量的影响

本节首先考察转制对于农业专利授权量的总体影响。表 5-2 第 1—3 列为没有控制其他变量的情形下，转制的作用效果。回归结果表明，转制对于三类农业专利的授权量均具有显著的推动作用，且以农业发明专利授权量的系数最大。第 3—6 列控制了线性的时间趋势，结果表明，农业发明专利授权量的转制系数大小有所下降，但依然高度显著，其他两类专利的政策回归系数变为显著为负，与此同时，年份变量的系数显著为正。综合分析可知：一则，我国各类农业专利授权量存在不断上升的趋势，这与目前我国农业专利授权量日益激增的趋势完全吻合。二则，在考虑到我国农业专利授权量逐年递增的基础上，农业科研院所转制对于我国农业发明专利的授权依然具有非常显著的效果，表明农业科研院所转制有利于改善我国农业专利质量的结构。这种结构的改善体现在具有较高质量的农业发明专利授权量占比在不断上升，而具有较低价值的实用新型、外观设计专利授权量在减少。第 7—9 列进一步控制了各省农业人均收入，结果表明转制对农业发明专利的授权量依然具有显著的促进作用，而对实用新型及外观设计则具有削弱的作用效果。进一步反映出农业科研院所转制有利于提升我国农业专利的质量结构。

**表 5-2　农业科研院所转制对农业专利授权量的影响**

| | 无控制变量 | | | 控制时间趋势 | | | 控制各省农业人均收入 | | |
|---|---|---|---|---|---|---|---|---|---|
| | 发明专利 | 实用新型 | 外观设计 | 发明专利 | 实用新型 | 外观设计 | 发明专利 | 实用新型 | 外观设计 |
| 转制（是=1；否=0） | 2.136***<br>(0.0806) | 0.862***<br>(0.0882) | 1.665***<br>(0.107) | 0.461***<br>(0.0855) | −0.415***<br>(0.0595) | −0.712***<br>(0.110) | 0.361***<br>(0.0977) | −0.331***<br>(0.0836) | −0.704***<br>(0.122) |
| 年份 | — | — | — | 0.137***<br>(0.007 15) | 0.103***<br>(0.006 58) | 0.193***<br>(0.0113) | 0.181***<br>(0.0331) | 0.0653**<br>(0.0289) | 0.190***<br>(0.0314) |
| 各省农业人均收入对数 | — | — | — | — | — | — | −0.645<br>(0.468) | 0.563<br>(0.429) | 0.0479<br>(0.527) |
| 常数项 | 2.008***<br>(0.0398) | 4.650***<br>(0.0428) | 3.244***<br>(0.0523) | −270.4***<br>(14.28) | −201.1***<br>(13.16) | −382.3***<br>(22.50) | −354.5***<br>(63.27) | −129.2**<br>(55.01) | −376.1***<br>(59.53) |
| $R^2$ | 0.722 | 0.365 | 0.494 | 0.851 | 0.594 | 0.784 | 0.853 | 0.599 | 0.784 |
| 对数似然值 | −691.1 | −598.5 | −865.4 | −476.8 | −441.5 | −568.8 | −472.4 | −437.2 | −568.8 |
| 样本量 | 689 | 703 | 696 | 689 | 703 | 696 | 689 | 703 | 696 |

注：各类专利数均取对数；控制省份固定效应；括号内为稳健标准误；***、**和*分别表示在1%、5%和10%的水平上显著。

表5-3考察了农业科研院所转制促进农业专利授权量的研发效率机制。第1—3列用R&D内部经费来刻画研发投入水平。结果表明，转制变量与该项乘积的系数在三类农业专利中均有正向作用，表明转制有利于提高R&D经费的使用效率。这种效率的提升作用在农业发明专利中表现得更为明显。第4—6列用R&D人年来刻画R&D投入水平，转制与该项的交乘项依然显著为正，且在农业发明专利中其系数显著更大，进一步说明转制有利于提高各类农业专利（尤其是农业发明专利）的研发效率，进而促

进农业专利授权数量的增加〔1〕。

**表 5-3　农业科研院所转制对农业专利授权量的影响：研发效率促进机制**

| | 转制×R&D 内部经费 | | | 转制×R&D 人年 | | |
|---|---|---|---|---|---|---|
| | 发明专利 | 实用新型 | 外观设计 | 发明专利 | 实用新型 | 外观设计 |
| 转制×R&D 内部经费对数 | 0.256*** (0.0410) | 0.129* (0.0686) | 0.180* (0.0892) | — | — | — |
| 转制×R&D 人年对数 | — | — | — | 0.176*** (0.0559) | 0.130* (0.0646) | 0.170* (0.0932) |
| 常数项 | -449.8*** (79.39) | -222.6*** (67.42) | -102.1 (107.2) | -494.3*** (54.42) | -110.7** (47.65) | -19.63 (77.21) |
| $R^2$ | 0.896 | 0.826 | 0.560 | 0.898 | 0.841 | 0.586 |
| 似然对数值 | -150.4 | -73.15 | -291.2 | -144.9 | -52.41 | -276.6 |
| 样本量 | 464 | 465 | 465 | 464 | 465 | 465 |

注：各类专利数均取对数；控制了转制、研发投入水平（第 1—3 列为 R&D 内部经费对数、第 4—6 列为 R&D 人年对数）、年份、各省农业人均收入对数变量及省份固定效应；括号内为稳健标准误；***、**、*分别表示在 1%、5%和 10%的水平上显著。

接下来进一步考察农业科研院所转制影响农业专利授权数量的另外一个作用机制，即地区农业科研院所规模的调节效应。结合数据的可获得性，并基于 2013 年《全国农业科技统计资料汇编》的数据，笔者计算了各省份农业科研院所内部 R&D 经费支出的中位数，将高于中位数的省份定义为具有较大农业科研院所规模的省份，将其记为 1，反之，记为 0。进一步考察该虚拟变量与转制变量的交乘作用。表 5-4 的回归结果显示，转制的农业专利提升效果（尤其是农业发明专利）在具有较大农业科研院所规模的地区具有更显著的作用效果。这一方面表明转制的作用效果具有地

〔1〕 R&D 内部经费支出与 R&D 人年具有高度的正相关性，为避免严重的多重共线性，我们没有在同一个模型中同时纳入这两个变量。

区差异，转制的农业专利提升作用在农业科研院所规模较大的省份表现得更为明显；另一方面验证了本节所构建的转制变量在很大程度上确实是在刻画农业科研院所的转制效果。

**表 5-4　农业科研院所转制对农业专利授权量的影响：农业科研院所规模经济机制**

| | 发明专利 | 实用新型 | 外观设计 |
|---|---|---|---|
| 转制*农业科研院所大规模省份 | 0.336**<br>(0.141) | 0.280<br>(0.173) | 0.0107<br>(0.217) |
| 常数项 | -341.4***<br>(59.55) | -122.5**<br>(53.01) | -375.6***<br>(61.59) |
| $R^2$ | 0.857 | 0.608 | 0.784 |
| 似然对数值 | -461.9 | -428.7 | -568.8 |
| 样本量 | 689 | 703 | 696 |

注：各类专利数均取对数；控制了转制、年份、各省农业人均收入对数变量及省份固定效应；括号内为稳健标准误；***、**、*分别表示在1%、5%和10%的水平上显著。

最后，考虑到虽然农业专利授权更有利于刻画高质量的专利水平，但专利授权通常具有一定的时滞性，为了进一步检验上述结论的稳健性，笔者用各省份的各类农业专利申请数重做了上述回归，得到的结果基本稳定(见附录3)。其经济解释基本类似，故不再赘述。

### 5.5.3 实证结果小结

本节通过构建农业科研院所转制变量，考察了农业科研院所转制对各省农业专利数量及其结构的影响。笔者发现农业科研院所转制能够显著地促进农业发明专利授权量的增加，对农业实用新型专利、外观设计专利的促进作用不明显。这表明转制在增加农业专利的授权数量的同时，也不会降低农业专利的质量水平。这一结论在控制时间趋势、引入衡量地区发展水平的变量、采用农业专利申请量进行稳健性检验时，依然成立。对这一结论的经济解释在于转制之前，农业科研院所相对农业企业，具有更为雄厚的科研基础，当一部分科研院所进行企业化改制后，其更加关注能够与市场接轨的技术，由此导致农业专利申请量增加进而授权数量的增加；并且由于其具有较强的技术基础，申请农业发明专利的比例相对更高。上述两个方面均有利于农业发明专利数量的增加。

本节进一步验证了转制提升农业专利数量及其结构的作用机制。一则，转制能够通过提高研发资金的使用效率来促进农业专利数量的增加。这是因为，转制硬化了农业科研院所的预算约束，提高了其资金的使用效率。二则，转制的作用效果在农业科研院所比较集中的地区表现得更为明显。这是因为，对于农业科研院所集中的省份，转制所带来的规模经济有利于放大转制的作用效果；同时，本节考察的是农业科研院所转制对农业专利的影响，其政策效果理应集中在那些农业科研院所比较密集的区域。

## 5.6 本章结论

本章以农业科研院所转制为例，从案例及实证两个维度论述了农业科技体制分类改革对农业科研院所创新发展的影响。

基于农业科研院所转制的案例研究表明，从农业科研院所分类改革的效果来看，转化为非营利性科研机构的农业科研院所由于转制后获得了更多的财政资金支持，在农业技术创新方面表现出不错的发展势头。分类改革的主要问题集中于农业科研院所的企业化转制方面：第一，转企院所事业性科技经费及其事业编制人员的减少；第二，尽管国家为转企院所提供了一系列的优惠条件，但这些优惠条件的落实程度有限；第三，由于初始的定位不清楚，转企前，一些转企农业科研院所也从事了一些公益类、产业共性技术的研究；转企后，这些院所放弃了之前的公益类、产业共性技术研究，导致了“过度企业化”问题。为了减少改革成本，政府需要认真审视这些问题，对农业科研院所准确进行转制定位，充分落实配套改革措施，同时需要避免出现“过度企业化”问题，以保障产业共性技术研究的顺利展开及其与市场的有效对接。

本章实证部分的研究表明，农业科研院所转制在整体上推动了科研院所农业专利申请量、授权量的增加，并且主要体现为具有更高质量的发明专利数量的增加，表明科研院所转制能够从整体上提高农业技术创新的质量水平。转制提升农业专利的数量及其结构主要通过两种作用机制实现：第一，转制能够通过提高研发资金的使用效率来促进农业专利数量的增加；第二，转制的作用效果在农业科研院所比较集中的地区表现得更为明显。

# 第6章

# 农业技术创新对中国农业 TFP 增长的影响

## 6.1 引言

2012年，中共中央在十八大中提出我国要实施创新驱动发展战略，走一条中国特色的自主创新道路。该战略具有两层要义：其一，中国未来的发展不能只依靠劳动、资本、土地等传统的要素投入，更需要依靠科技创新来驱动；其二，创新不是为了发表学术论文，而要以驱动发展为最终目的。在农业方面，农业技术创新无疑是推动农业发展和农业向现代化转型的主要驱动力，至于它能在多大程度上促进农业生产率的提高，是值得进一步研究的问题。本章旨在考察农业技术创新对农业 TFP 增长率及其分解指标的影响。首先，利用1978—2013年各省的农业投入和产出面板数据，基于面板非参数的 Malmquist DEA 方法估算中国农业 TFP 增长率，并得到其分解指标，即农业技术效率与农业技术进步率的动态指数；其次，考察以农业专利申请数量为代表的农业技术创新对中国农业 TFP 增长率及其分解指标的影响。

农业生产效率的提升对农业发展具有非常重要的作用。有关中国农业全要素生产率的增长，学术界存在许多讨论。较早对中国农业全要素生产率增长进行研究的有 Tang（1982）、McMillan（1989）和 Wen（1993）。譬如，Wen（1993）认为投入增加、制度变迁以及技术进步是中国农业产出增加的主要原因。其后随着新制度经济学的兴起，Lin（1992）、黄少安等（2005）和乔榛等（2006）一些学者将制度因素引入中国农业产出增长的分析框架，他们认为不同的经济制度会对劳动者产生不同的激励作用，从而导致农业产出的差异。其后，一些学者将关注的重点从制度因素转向了对技术变迁的研究，如Jin等（2002）认为农业科研投入对农业生产率的提高具有非常重要的影响，且农业技术的进步是农业增长的主要推动因素；Yao等（2001）认为在要素投入保持不变的条件下，中国农业产出的增长主要源于技术进步和生产效率的提高。以上研究虽然已经认识到了农业科研和农业技术进步对农业TFP增长的关键作用，但它们的不足是没有打开农业全要素生产率这个“黑箱”，即假设技术是完全有效率的，也就是说，生产单位可以在生产前沿面上进行生产。然而，这一假设是与现实不符的，因为较高的农业TFP增长率不一定完全是由技术进步所驱动，也有可能是因为生产效率的提高。后来的一系列研究主要致力于将农业全要素生产率进行分解，试图找到推动中国农业全要素生产率增长的源泉。

## 6.2 中国农业全要素生产率增长估算：基于Malmquist DEA方法

### 6.2.1 Malmquist DEA方法简介

Malmquist DEA是一种数据包络分析方法，它适用于面板数据的情景。数据包络分析法主要依据以下原理进行计算：首先，运用线性规划技术以及对偶原理（Dual Approach）来确定生产前沿面，也就是说，利用大量能够观测到的实际生产点数据拟合出生产前沿包络面；其次，把非DEA有效的生产点映射到DEA有效的生产前沿包络面上；最后，基于一定的有效性标准来寻找生产前沿包络面上的相对有效点，并通过比较非DEA有效的生产单位“偏离”生产有效生产前沿面的程度来评价各生产点的相对效率。在此基础上，可以进而求解出技术效率、技术进步变化指数及 TFP 增长指数。

数据包络分析方法的优点在于它是一种非参数分析法，是由数据驱动，而不依赖于生产前沿面的具体函数形式和技术非效率项的分布形式，并能很好地与经济学生产理论的集合论结合，形成一个独具特色的理论体系。自从 Farrell（1957）提出技术效率度量以来，DEA 研究进展很快，形成了包括投入与产出维度，适用于不变及可变规模报酬模型设定下的多种扩展模型。

生产率分析中应用 DEA 最多的是 Malmquist 指数。Malmquist 指数由 Bengt A. Malmquist 于 1953 年提出，Caves 等研究人员（1982）将该指数应用于生产率变化的测算。此后，DEA-Malmquist 指数法在生产率测算中获得广泛应用。Malmquist 指数的具体定义如下。首先需要确定距离函数。如果以 s 期为基准，距离函数可以表示为：

$$D^s(x,\ y) = min\left\{\theta:\ \frac{y}{\theta} \in P(x)\right\} \tag{6-1}$$

其中，$P(x)$ 为生产可能性集合。θ 表示技术效率指数。距离函数 $D^s$ 刻画的是现实的生产点与前沿面的距离，距离越大，表明效率越低。距离越小，表明效率越高。因此，生产效率与距离具有反向关系。$x$ 和 $y$ 分别是投入指标和产出指标。同理，以 $t$ 时期为基准的距离函数可以表示为：

$$D^t(x,\ y) = min\left\{\theta:\ \frac{y}{\theta} \in P(x)\right\} \tag{6-2}$$

在 Caves 等人（1982）研究的基础上，Fare 等研究者（1994）进一步将从时期 $s$ 到时期 $t$ 的 Malmquist 生产率指数变化定义为：

$$\text{TFPCH} = M(x^t,\ y^t,\ x^s,\ y^s) = \left[\frac{D^s(x^t,\ y^t)}{D^s(x^s,\ y^s)} \times \frac{D^t(x^t,\ y^t)}{D^t(x^s,\ y^s)}\right]^{\frac{1}{2}}$$

$$= \frac{D^t(x^t, y^t)}{D^s(x^s, y^s)} \times \left[ \frac{D^s(x^t, y^t)}{D^t(x^t, y^t)} \times \frac{D^s(x^s, y^s)}{D^t(x^s, y^s)} \right]^{\frac{1}{2}} \tag{6-3}$$

式（6-3）右边第一项衡量了决策单元从时期 $s$ 到时期 $t$ 的技术效率变化，称为技术效率指数（EFFCH）。若 EFFCH>1，说明技术效率提高；若 EFFCH<1，说明技术效率下降；若 EFFCH=1，则技术效率不变。EFFCH 又可继续分解为纯技术效率变化指数（PECH）和规模效率变化指数（SECH），即存在 EFFCH=PECH×SECH；等式右边括号内的部分是技术进步变化指数（TECHCH），它衡量了从时期 $s$ 到时期 $t$ 的技术水平的改变。若 TECHCH>1，说明生产技术水平得到了提升和进步。技术进步变化指数与技术效率指数的乘积构成全要素生产率变化率（TFPCH），即 TFPCH=EFFCH×TECHCH。

### 6.2.2 数据来源与变量选取

本章的数据主要来源于国泰安的农业研究数据库，选取 30 个省、直辖市和自治区的农业投入和产出数据，数据结构为 1978—2013 年的平衡面板。主要选取以下变量进行分析：农业产出变量为农林牧渔业总产值（单位：亿元），用 GDP 平减指数进行平减，并用 1978 年的不变价格表示。投入变量包括：（1）劳动变量，用各省历年年末农林牧渔业从业人员人数（单位：万人）表示；（2）土地变量，用各省历年年末农作物播种面积（单位：千公顷）表示；（3）资本变量，包括农业机械总动力、化肥施用量。其中，农业机械总动力用来刻画农业机械动力的使用情况，包括耕作、排灌、收获、农业运输、植物保护机械和牧业、林业、渔业以及其他农业机械的动力总和；化肥投入变量用于刻画农业中投入的另外一种重要生产资料。

### 6.2.3 实证结果

本节利用 DEAP2.1 软件进行数据分析，计算得到 1979—2013 年各省的农业 TFP Malmquist 指数（为节省篇幅，此处不报告该项计算结果），并据此计算了历年的全国平均农业 TFP Malmquist 指数（见表 6-1），该指数的历年几何平均值增长率（见表 6-1）以及 1979—2013 年各省的历年平均农业 TFP Malmquist 指数（见表 6-2），并按照时间与空间两个维度展开分析。

6.2.3.1 中国农业 TFP 增长的动态演变（1979—2013 年）

1979—2013 年，全国农业 TFP 的（几何）平均增长率为 3.3%。从其分解指标可以看出，农业 TFP 的这种增长主要是由技术进步（TECHCH）推动的（3.4%），而非技术效率（EFFCH）的提升。相反，全国历年的技术效率（EFFCH）平均下降了 0.1%，这很大程度上是由于 20 世纪 80 年代中后期（如 1984 年、1985 年、1988 年和 1989 年）以及 90 年代末（如 1997 年和 1998 年）的几次技术效率的大幅下降导致。图 6-1 更直观地显示了哪些年份全国农业 TFP 水平实现了增长，哪些年份出现了衰退。[1]其中，较上一年出现倒退的年份有 1980 年、1985 年、1989 年、1991 年、1997 年、1998 年、2000 年及 2006 年；且在 1991 年、1998 年出现了明显的探底，较上一年下降了近 4%。除上述年份外，全国平均的农业 TFP 基本呈现增长趋势。其中，1982 年、1990 年、1994 年出现了 3 个峰值，并于 1994 年达到最高值（12.9%）。

**表 6-1　历年的全国平均农业 TFP Malmquist 指数及其几何平均增长率（1979—2013 年）**

| 年份 | EFFCH | TECHCH | TFPCH | 年份 | EFFCH | TECHCH | TFPCH |
|---|---|---|---|---|---|---|---|
| 1979 | 1.095 | 0.950 | 1.040 | 1997 | 0.877 | 1.130 | 0.991 |
| 1980 | 0.901 | 1.084 | 0.977 | 1998 | 0.967 | 0.995 | 0.962 |
| 1981 | 0.915 | 1.177 | 1.076 | 1999 | 1.010 | 0.993 | 1.003 |

〔1〕以 1 为界，大于 1 表示农业 TFP 实现了增长，小于 1 表示出现了倒退。譬如，如果 TFP 变化值为 1.01，表明年均增长率为 1%。

续表

| 年份 | EFFCH | TECHCH | TFPCH | 年份 | EFFCH | TECHCH | TFPCH |
|---|---|---|---|---|---|---|---|
| 1982 | 1.092 | 1.006 | 1.098 | 2000 | 0.983 | 1.012 | 0.995 |
| 1983 | 1.064 | 0.948 | 1.009 | 2001 | 0.969 | 1.041 | 1.009 |
| 1984 | 0.950 | 1.109 | 1.053 | 2002 | 0.938 | 1.099 | 1.031 |
| 1985 | 0.904 | 1.100 | 0.994 | 2003 | 0.948 | 1.118 | 1.059 |
| 1986 | 1.123 | 0.892 | 1.002 | 2004 | 1.077 | 0.998 | 1.075 |
| 1987 | 1.002 | 1.041 | 1.043 | 2005 | 1.058 | 0.957 | 1.013 |
| 1988 | 0.973 | 1.087 | 1.058 | 2006 | 0.998 | 1.001 | 0.999 |
| 1989 | 0.985 | 0.986 | 0.972 | 2007 | 1.066 | 0.989 | 1.055 |
| 1990 | 1.028 | 1.072 | 1.102 | 2008 | 1.022 | 1.052 | 1.075 |
| 1991 | 0.963 | 1.001 | 0.964 | 2009 | 1.001 | 1.043 | 1.044 |
| 1992 | 1.030 | 0.975 | 1.004 | 2010 | 1.028 | 1.031 | 1.060 |
| 1993 | 0.953 | 1.057 | 1.007 | 2011 | 1.024 | 1.040 | 1.064 |
| 1994 | 0.997 | 1.132 | 1.129 | 2012 | 1.005 | 1.057 | 1.062 |
| 1995 | 1.093 | 1.017 | 1.111 | 2013 | 0.995 | 1.063 | 1.058 |
| 1996 | 1.002 | 1.005 | 1.008 | 全国历年几何平均 | 0.999 | 1.034 | 1.033 |

注：所列数值均为全国各省的几何平均值。

接下来进一步探讨上文提到的几个年份中导致农业 TFP 跌入谷底或达到峰值的主要因素。谷底值中，1991 年农业 TFP 水平较大幅度下降的原因是技术效率的降低（0.963），该年技术进步（1.001）反而能够在一定程度上缓解农业 TFP 的下降；1998 年农业 TFP 水平较大幅度的下降则是技术效率与技术进步的双重制约，二者双双出现了下降，且以技术效率的下降更为明显。事实上，1997 年的技术效率的下降比 1998 年更为明显，但该年的技术进步上升非常迅速，从而在很大程度上避免了农业 TFP 的大幅下降。结合农业科技体制的改革历程，可以发现一个比较有趣的现象，即 1991 年和 1998 年分别是农业科技体制改革探索阶段（1985—1991 年）和发展阶段（1992—1998 年）的末年，这两个阶段农业 TFP 的明显下降可以从一定程度上反映和佐证中国农业科技体制改革前一阶段所释放的改革红利已接近饱和，新阶段的改革迫在眉睫。农业 TFP 的峰值年份中，1982 年与 1990 年农业 TFP 的大幅增长是技术效率改进与技术进步共同推动的结果，但主要的驱动力量不一致：1982 年更大程度上是技术效率提升的结果，1990 年更大程度上是由技术进步所驱动。1994 年农业 TFP 增长达到峰值则主要由技术进步所带来，该年技术效率的下降在一定程度上抑制了农业 TFP 更大幅度的增长。

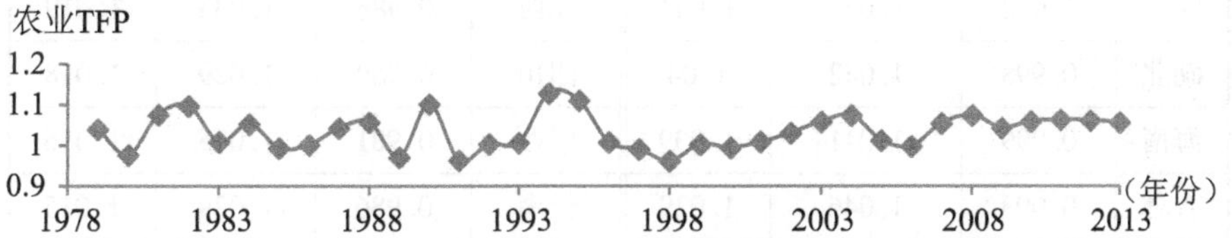


**图 6-1　历年全国平均农业 TFP 增长率的动态演变（1979—2013 年）**

6.2.3.2 中国农业全要素生产率增长的区域差异

进一步对比中国农业 TFP 增长的区域差异，并对这种差异进行解释。表 6-2 的结果显示，在所有省份中，除西藏外，其他各省在 1979—2013 年的农业 TFP 均实现了增长。农业 TFP 增长率居前 10 位的省份分别为江苏、天津、辽宁、上海、福建、山东、浙江、新疆、广东和河北。从驱动力量来看，除天津外，这些农业 TFP 增长排名靠前的省份主要是由技术进步所驱动的；农业 TFP 增长率居后 10 位的省份分别为黑龙江、湖南、内蒙古、安徽、江西、四川、广西、云南、贵州和西藏，落后的主要原因是这些省份的技术效率出现了下降。

表 6-2　农业 TFP 增长的区域差异（1979—2013 年）

| 省份 | EFFCH | TECHCH | TFPCH | 省份 | EFFCH | TECHCH | TFPCH |
|---|---|---|---|---|---|---|---|
| 江苏 | 1.009 | 1.054 | 1.064 | 北京 | 1.000 | 1.035 | 1.035 |
| 天津 | 1.031 | 1.028 | 1.060 | 河南 | 0.989 | 1.046 | 1.034 |
| 辽宁 | 1.016 | 1.042 | 1.058 | 山西 | 1.002 | 1.032 | 1.034 |
| 上海 | 1.017 | 1.037 | 1.055 | 宁夏 | 1.000 | 1.030 | 1.030 |
| 福建 | 1.000 | 1.053 | 1.053 | 甘肃 | 1.010 | 1.019 | 1.029 |
| 山东 | 1.005 | 1.046 | 1.051 | 黑龙江 | 0.998 | 1.026 | 1.024 |
| 浙江 | 1.003 | 1.043 | 1.046 | 湖南 | 0.993 | 1.031 | 1.023 |
| 新疆 | 1.001 | 1.042 | 1.043 | 内蒙古 | 1.006 | 1.016 | 1.022 |
| 广东 | 0.998 | 1.044 | 1.042 | 安徽 | 0.981 | 1.040 | 1.019 |
| 河北 | 1.002 | 1.038 | 1.041 | 江西 | 0.986 | 1.033 | 1.019 |
| 湖北 | 0.998 | 1.042 | 1.04 | 四川 | 0.989 | 1.029 | 1.018 |
| 海南 | 0.999 | 1.041 | 1.039 | 广西 | 0.981 | 1.035 | 1.016 |
| 吉林 | 0.993 | 1.046 | 1.039 | 云南 | 0.986 | 1.029 | 1.015 |
| 青海 | 1.015 | 1.023 | 1.038 | 贵州 | 0.982 | 1.029 | 1.011 |
| 陕西 | 0.999 | 1.039 | 1.038 | 西藏 | 0.989 | 0.984 | 0.973 |

注：所列数值均为 1979—2013 年的几何平均值。

因此，本小节得到了一个非常有意思的结论：那些农业 TFP 增长较快的省份，其农业 TFP 的增长主要源于技术进步；而农业 TFP 增长缓慢的地区，其短板往往在于技术效率提升不够，甚至出现了下降。因此，综合来看，提高农业的技术使用效率，加大农业技术推广力度，将成为各省农业 TFP 增长的潜力挖掘点。

## 6.3 农业技术创新对中国农业全要素生产率增长的影响

### 6.3.1 模型设定和数据来源

全要素生产率的原始定义为去除资本与劳动的贡献后，能够解释产出增长的原因。本节试图考察用统计数据衡量的农业技术创新——《中国科技统计年鉴》中的农业技术创新投入（用农业的财政科技支出表示）及创新产出（用农业专利表示）数据——对中国农业 TFP 增长的解释力。

本节利用经典的双向固定效应模型来识别农业技术创新对农业 TFP 增长的影响。具体模型设定如下：

$$Y_{it} = b_0 + b_1 \times \ln(innov_{it}) + u_i + v_t + \varepsilon_{it} \tag{6-4}$$

其中，$Y_{it}$为三个农业 Malmquist 指数，分别是中国农业 TFP 增长率、农业技术进步率及农业技术效率增长率，用来刻画农业的技术进步；$innov_{it}$为刻画农业技术创新投入与创新产出的变量，即农业财政科技投入与农业专利，在下文会有详细介绍。此处主要关心农业技术创新变量的回归系数 $b_1$，其刻画农业技术创新对农业 TFP 增长及其分解指标的影响；$u_i$、$v_t$分别用来控制省份固定效应及年份固定效应；$\varepsilon_{it}$是残差项。

根据既有研究及数据的可获得性，本节从两个方面来刻画农业技术创新。其一是农业技术创新投入，采用各省用于农业的财政科学技术支出（st）来表示；其二是农业技术创新产出数据，采用各省农业专利申请数［包括农业总专利申请数（app_ total）、发明专利申请数（app_ invention）及实用新型专利申请数（app_ utility）］来表示。由于笔者只能获得省份层面的三次产业加总数据，而不能获得各省的农业技术创新数据，因此，本节采用各省三次产业的加总创新数据乘以该省份第一产业占该省 GDP 的比重来近似地得到各省份的农业技术创新投入和创新产出数据。由于被解释变量为农业 TFP 的增长率，因而解释变量采用对数形式，这样可以将回归系数 $b_1$ 理解成弹性系数。

本节的数据来源情况如下：被解释变量 $Y_{it}$ 的数据来源于上一节计算所得的三个农业 Malmquist 指数；解释变量中，衡量农业技术创新投入的各省财政科学技术支出、用于计算各省农业占比的第一产业总产值和各省 GDP 总值均来自国泰安数据服务中心；衡量农业技术创新产出的农业专利数据来自历年《中国科技统计年鉴》。表 6-3 列示了主要变量的描述统计情况。

表 6-3 主要变量描述统计

| 变量名 | 变量含义 | 样本量 | 均值 | 标准差 | 最小值 | 最大值 |
| --- | --- | --- | --- | --- | --- | --- |
| TFPCH | 农业 TFP 增长率 | 1050 | 1.039 | 0.109 | 0.604 | 2.158 |
| EFFCH | 技术效率增长率 | 1050 | 1.005 | 0.114 | 0.654 | 2.174 |
| TECHCH | 技术进步率 | 1050 | 1.038 | 0.0909 | 0.564 | 1.480 |
| st | 财政科技投入（亿元） | 587 | 21.73 | 45.48 | 0.0762 | 344.9 |
| app_total | 农业专利申请总数（件） | 791 | 14 619 | 40 307 | 2 | 504 500 |
| app_invent | 农业发明专利数（件） | 789 | 3890 | 10 730 | 2 | 141 259 |
| app_utility | 农业实用新型专利数（件） | 791 | 5722 | 13 045 | 1 | 128 898 |

## 6.3.2 实证结果

6.3.2.1 农业技术创新对农业 TFP 增长率的影响

表 6-4 的回归结果表明，除农业专利中的实用新型专利外，从总体上看，政府用于农业的财政科技投入、农业专利申请数与农业 TFP 增长之间没有显著的相关性。表 6-4 第 1 列报告了农业 TFP 增长率对用于农业的财政科技投入的回归结果，虽然系数为正（0.0122），但统计上不显著，这可能是因为：从农业财政科技投入到农业技术创新产出（如农业专利、论

文等科研产出），再进一步对农业生产率产生影响，中间历经许多环节，过程曲折，因此，农业技术创新投入很难对农业 TFP 增长产生直接的显著影响。结合上文结论，也表明农业科技体制改革与农业生产率的提高之间并没有必然、直接的联系，其发挥作用的机制必须经历农业技术产出这一重要环节。表 6-4 第 2 列显示，农业专利申请总量对农业 TFP 增长的影响也不显著（0.0142），可能因为不同专利类型对农业 TFP 的影响不一致。因此，本节进一步考察了不同类型的农业专利申请数对农业 TFP 增长的影响。表 6-4 第 3 列显示，农业发明专利对农业 TFP 增长的影响系数为负（-0.008 93），且统计上不显著。从直觉上说，这似乎与发明专利的特征不相符合，因为发明专利相对于实用新型专利质量更高，理应对农业 TFP 起到更为深刻、持久的推动作用。相反，表 6-4 第 4 列显示，农业方面的实用新型专利对农业 TFP 增长具有显著的正向作用（0.0213）。这一结果，需要从发明专利和实用新型专利的不同特征来理解；农业发明专利由于技术性强、学习和操作较为复杂，因此，在农业生产中被农民所接收、运用并大量推广的难度较大；相对而言，实用新型专利由于技术相对简单，学习、使用的门槛较低，更容易被农民所接受和运用于农业生产，并进行技术推广，所以它对农业 TFP 增长的促进作用更为明显。

**表 6-4　农业财政科技投入、不同类型农业专利数对农业 TFP 增长率的影响（1998—2013 年）**

| | 被解释变量：农业 TFP 增长率 | | | |
|---|---|---|---|---|
| | (1) | (2) | (3) | (4) |
| ln（st） | 0.0122<br>(0.0131) | — | — | — |
| ln（app_ total） | — | 0.0142<br>(0.0110) | — | — |
| ln（app_ invention） | — | — | -0.00893<br>(0.0121) | — |

续表

| | 被解释变量：农业 TFP 增长率 | | | |
|---|---|---|---|---|
| | (1) | (2) | (3) | (4) |
| ln（app_ utility） | | | | 0.0213*<br>(0.0118) |
| $R^2$ | 0.185 | 0.214 | 0.209 | 0.216 |
| Ll | 641.0 | 721.1 | 718.7 | 722.2 |
| N | 570 | 717 | 715 | 717 |

注：控制时间与省份固定效应；括号内为稳健标准误；***、**和*分别表示在1%、5%和10%的水平上显著。

考虑农业技术创新对农业 TFP 增长的影响可能具有阶段性，本节以2005 年为分界点，将样本划分为两部分。选择以 2005 年为分界点的原因在于：其一，受制于数据的可获得性，本节的数据最早只能追溯到 1998年，而在 1998—2013 年，农业科技体制改革分别以 1999 年和 2005 年为不同阶段改革的分界点，由于 1998—1999 年只有 1 年，持续时间过短，因而笔者选取 2005 年作为样本期间的分界点。其二，2005 年提出的建立国家农业科技创新体系这一目标，在我国农业科技体制改革的历程中具有里程碑式的意义，因此，选取 2005 年为分界点具有一定的合理性。

**表 6-5 农业财政科技投入、不同类型农业专利数对农业 TFP 增长率的影响（1998—2004 年）**

| | 被解释变量：农业 TFP 增长率 | | | |
|---|---|---|---|---|
| | (1) | (2) | (3) | (4) |
| ln（st） | 0.0146<br>(0.0280) | — | — | — |
| ln（app_ total） | — | 0.00521<br>(0.0274) | — | — |

续表

| | 被解释变量：农业TFP增长率 | | | |
|---|---|---|---|---|
| | (1) | (2) | (3) | (4) |
| ln（app_ invention） | — | — | -0.0278<br>(0.0281) | — |
| ln（app_ utility） | — | — | — | 0.0321<br>(0.0239) |
| $R^2$ | 0.188 | 0.224 | 0.224 | 0.228 |
| Ll | 293.0 | 388.1 | 387.4 | 389.2 |
| N | 300 | 447 | 445 | 447 |

注：控制时间与省份固定效应；括号内为稳健标准误；***、**和*分别表示在1%、5%和10%的水平上显著。

表6-5的回归结果表明，1998—2004年，用于农业的财政科技支出、各类农业专利申请数均与农业TFP没有显著的正向关系。可能的原因在于：这一阶段，农业TFP增长的主要驱动力并非农业技术创新投入和创新产出的增加，而可能是其他方面的因素，如农村人力资本与物质资本的积累、农村价格制度和财税制度的改革等经济体制方面的改革（黄少安等，2005；李谷成，2009）。

在2005年中共中央正式提出建立国家农业科技创新体系的目标后，农业技术创新在农业技术进步与技术效率提升中的重要性才得以体现。表6-6第2列和第4列的回归结果验证了这一推断：2005—2013年，农业专利申请总数、农业实用新型专利的申请数对农业TFP增长率具有显著的推动作用。这表明在2005—2013年这一阶段，农业技术创新已经成为农业TFP增长率提高的重要驱动力之一。表6-6第1列和第3列的结果表明，农业财政科技投入、农业发明专利申请量对农业TFP增长率没有显著的推动作用，其原因可能与总体样本情形一致，故不再赘述。

**表 6-6　农业财政科技投入、不同类型农业专利数对农业 TFP 增长率的影响（2005—2013 年）**

| | 被解释变量：农业 TFP 增长率 | | | |
|---|---|---|---|---|
| | （1） | （2） | （3） | （4） |
| ln（st） | 0.0306<br>（0.0195） | — | — | — |
| ln（app_ total） | — | 0.0399**<br>（0.0163） | — | — |
| ln（app_ invention） | — | — | 0.0174<br>（0.0178） | — |
| ln（app_ utility） | — | — | — | 0.0393**<br>（0.0171） |
| $R^2$ | 0.169 | 0.188 | 0.167 | 0.183 |
| Ll | 400.8 | 403.9 | 400.4 | 403.0 |
| N | 270 | 270 | 270 | 270 |

注：控制时间与省份固定效应；括号内为稳健标准误；***、**和*分别表示在1%、5%和 10%的水平上显著。

进一步分析，农业技术创新对农业 TFP 增长率的影响可能与省份的农业发展规模有关，即农业发展规模比较大的地区，农业专利对农业 TFP 的促进作用可能更为明显。下文以 2013 年各省份第一产业产值的中位数为分界点，将省份区分为农业大省及非农业大省，并分别进行回归。

表 6-7 的回归结果表明，对于非农业大省，农业财政科技投入及各类农业专利申请量对农业 TFP 增长率均不具有显著的推动作用。可能的解释在于，对于非农业大省来说，现实农业生产规模较小，对技术的需要相对较少，也制约了技术的快速推广，从而抑制了农业技术创新对于农业 TFP 增长率的促进作用。相反，表 6-8 的回归结果表明，对于农业大省，以农业专利申请量为代表的农业技术创新成果对农业 TFP 增长率具有显著的促进作用，且这种促进作用主要体现于农业实用新型专利申请量对农业 TFP

增长率的驱动。

**表 6-7 农业财政科技投入、不同类型农业专利数对农业 TFP 增长率的影响：非农业大省**

| | 被解释变量：农业 TFP 增长率 | | | |
|---|---|---|---|---|
| | (1) | (2) | (3) | (4) |
| ln（st） | 0.0139<br>(0.0255) | — | — | — |
| ln（app_ total） | — | 0.00250<br>(0.0182) | — | — |
| ln（app_ invention） | — | — | -0.0215<br>(0.0221) | — |
| ln（app_ utility） | — | — | — | 0.0228<br>(0.0160) |
| $R^2$ | 0.140 | 0.194 | 0.196 | 0.199 |
| Ll | 277.7 | 357.3 | 357.7 | 358.5 |
| N | 285 | 357 | 355 | 357 |

注：控制时间与省份固定效应；括号内为稳健标准误；***、**和*分别表示在 1%、5%和 10%的水平上显著。

**表 6-8 农业财政科技投入、不同类型农业专利数对农业 TFP 增长率的影响：农业大省**

| | 被解释变量：农业 TFP 增长率 | | | |
|---|---|---|---|---|
| | (1) | (2) | (3) | (4) |
| ln（st） | 0.0252（0.0146） | — | — | — |
| ln（app_ total） | — | 0.0467**<br>(0.0187) | — | — |
| ln（app_ invention） | — | — | 0.0149（0.0104） | — |
| ln（app_ utility） | — | — | — | 0.0497**<br>(0.0222) |
| $R^2$ | 0.369 | 0.301 | 0.286 | 0.299 |
| Ll | 403.9 | 380.3 | 376.5 | 380.0 |

续表

| | 被解释变量：农业 TFP 增长率 | | | |
|---|---|---|---|---|
| | (1) | (2) | (3) | (4) |
| N | 285 | 360 | 360 | 360 |

注：控制时间与省份固定效应；括号内为稳健标准误；***、**和*分别表示在1%、5%和10%的水平上显著。

至此，本节考察了农业技术创新促进农业 TFP 增长在时间与空间维度的异质性，得到以下结论：第一，农业技术创新成果对农业 TFP 增长率的促进作用从 2005 年党中央提出建立国家农业科技创新体系后才开始变得较为显著。在此之前，农业 TFP 增长的主要驱动力量可能来自人力资本和物质资本的积累、农村价格制度和财税制度的改革等，这些经济制度的改革极大地促进了人们的生产积极性，从而提高了农业的生产率；当这些经济制度改革的红利释放完毕后，农业科技体制改革的制度红利开始对农业生产率的提升发挥重要作用，农业技术创新进而跃升为推动农业 TFP 增长的最为重要的力量。进一步，本节的实证结果表明，在目前阶段，具有较高质量的农业发明专利尚未成为中国农业 TFP 增长的重要驱动力。其原因可能是多方面的，既包括技术本身是否适用于不同类型的农业生产，也包括农业生产者是否有足够的学习能力来掌握和运用该项专利技术，并且有足够的经济能力承担技术失败所带来的风险。只有将发明专利的质量优势发挥出来，才能真正释放出蕴藏在农业技术创新成果中的巨大潜力，促进我国农业生产力的提高。第二，农业技术创新成果对农业 TFP 增长的促进作用在农业生产规模较大的省份表现得更为显著。上文主要从农业技术创新和技术推广的市场需求角度解释了其原因。因此，大力发展规模化的农业生产，进而形成对农业技术创新和技术推广的强大市场需求，将有利于充分发挥农业技术创新对农业 TFP 增长的推动作用；这要求政府建立一个统一的技术市场，让一些专利技术能够在不同区域之间自由交换，以实现更深程度、更大范围的扩散。

作为稳健性检验，本节用农业研发人员投入、农业研发经费内部支出来衡量农业技术创新投入，用各类农业专利的授权数来刻画农业技术创新成果，重新做了上述回归，得到的结论基本一致，其经济解释也大体相同，文中不再赘述。（回归结果见附录4）

6.3.2.2 农业技术创新对农业技术效率变化率及农业技术进步率的影响

本节进一步考察农业技术创新投入、创新产出对农业技术效率变化率及农业技术进步率的影响。表6-9的结果表明，农业财政科技投入对农业技术效率变化率具有显著的正向影响。可能的原因有，农业财政科技投入中有部分投入旨在促进农业技术的推广，从而使得技术的使用效率提高。与上文的结论类似，农业实用新型专利申请量与农业技术效率变化率具有显著的正相关性，而农业发明专利对农业技术效率变化率没有显著的影响。原因与上一节类似，即实用新型技术相对简单，具有较高的可操作性且容易推广，其快速的推广、扩散将有利于提升技术的使用效率。

表6-10分阶段回归中的结果表明，农业技术创新投入与创新产出对技术使用效率的正向影响在第二阶段（2005—2013年）比第一阶段（1998—2004年）更为显著。其中，农业财政科技投入的作用效果更为显著，以农业实用新型专利为代表的农业专利申请量与农业技术效率的正相关性在第二阶段显著而第一阶段不显著，这表明在农业方面，创新驱动发展的重要性正日益突出并不断增强。

**表6-9　农业财政科技投入、不同类型农业专利数对农业技术效率变化率的影响：全样本回归（1998—2013年）**

| | 被解释变量：农业技术效率变化率 | | | |
|---|---|---|---|---|
| | (1) | (2) | (3) | (4) |
| ln（st） | 0.0324**<br>（0.0144） | — | — | — |
| ln（app_ total） | — | 0.0195（0.0120） | — | — |

续表

| | 被解释变量：农业技术效率变化率 | | | |
|---|---|---|---|---|
| | (1) | (2) | (3) | (4) |
| ln (app_ invention) | — | — | 0.003 32 (0.008 32) | — |
| ln (app_ utility) | — | — | — | 0.0213* (0.0116) |
| $R^2$ | 0.295 | 0.225 | 0.222 | 0.226 |
| Ll | 643.7 | 717.1 | 712.5 | 717.3 |
| N | 570 | 717 | 715 | 717 |

注：控制时间与省份固定效应；括号内为稳健标准误；***、**和*分别表示在1%、5%和10%的水平上显著。

**表 6-10 农业财政科技投入、不同类型农业专利数对农业技术效率变化率的影响：分阶段回归**

| | 被解释变量：农业技术效率变化率 | | | | | | | |
|---|---|---|---|---|---|---|---|---|
| | 1998—2004 年 | | | | 2005—2013 年 | | | |
| | (1) | (2) | (3) | (4) | (5) | (6) | (7) | (8) |
| ln (st) | 0.0452* (0.0236) | — | — | — | 0.0416** (0.0188) | — | — | — |
| ln (app_total) | — | 0.009 57 (0.0281) | — | — | — | 0.0351** (0.0170) | — | — |
| ln (app_ invention) | — | — | -0.0180 (0.0184) | — | — | — | 0.0151 (0.0190) | — |
| ln (app_ utility) | — | — | — | 0.0216 (0.0271) | — | — | — | 0.0351* (0.0180) |
| $R^2$ | 0.317 | 0.221 | 0.223 | 0.223 | 0.166 | 0.172 | 0.156 | 0.168 |
| Ll | 296.4 | 386.4 | 384.3 | 386.8 | 389.7 | 390.7 | 388.2 | 390.1 |
| N | 300 | 447 | 445 | 447 | 270 | 270 | 270 | 270 |

注：控制时间与省份固定效应；括号内为稳健标准误；***、**和*分别表示在1%、5%和10%的水平上显著。

表6-11关于区域异质性的分析表明，农业大省拥有技术使用与技术推广的肥沃土壤。相较于非农业大省，农业财政科技投入、农业专利申请量与技术效率变化率的正相关性更为显著。特别是对于发明专利，这种正相关性也在10%的水平上显著，充分显示了市场需求对技术贡献的张力。因为较大的农业生产规模具有更大的农业技术需求，无论是技术层次较低的实用新型专利，还是技术层次相对较高、较复杂的发明专利，均表现出对技术利用效率的正向推动作用。

**表6-11　农业财政科技投入、不同类型农业专利数对农业技术效率变化率的影响：分区域回归**

| | 被解释变量：农业技术效率变化率 | | | | | | | |
|---|---|---|---|---|---|---|---|---|
| | 非农业大省 | | | | 农业大省 | | | |
| | (1) | (2) | (3) | (4) | (5) | (6) | (7) | (8) |
| ln（st） | 0.0315<br>(0.0186) | — | — | — | 0.0416*<br>(0.0198) | — | — | — |
| ln（app_total） | — | -0.0333<br>(0.0178) | — | — | — | 0.0552**<br>(0.0197) | — | — |
| ln（app_invention） | — | — | -0.0109<br>(0.0140) | — | — | — | 0.0221*<br>(0.0109) | — |
| ln（app_utility） | — | — | — | 0.00153<br>(0.0133) | — | — | — | 0.0649**<br>(0.0248) |
| $R^2$ | 0.246 | 0.226 | 0.229 | 0.226 | 0.436 | 0.323 | 0.306 | 0.325 |
| Ll | 304.1 | 390.9 | 388.3 | 390.9 | 362.7 | 355.9 | 351.5 | 356.5 |
| N | 285 | 357 | 355 | 357 | 285 | 360 | 360 | 360 |

注：控制时间与省份固定效应；括号内为稳健标准误；***、**和*分别表示在1%、5%和10%的水平上显著。

本节最后考察了农业技术创新投入、创新产出对农业技术进步率的影响。比较遗憾的是，无论是从整体上看，还是分阶段、分区域来看，上述论及的各类农业技术创新投入与创新产出变量对农业技术进步率均不存在显著的正向影响。且有部分情况，如表 6-12 第 1 列、表 6-14 第 5 列所示，政府的农业财政科技支出与农业技术进步率具有显著的负相关性。对于这种负相关性，可能的解释在于，政府的农业财政科技投入中，用于基础研究的部分对农业技术进步率的影响具有较长的时滞性，短期内难以在数据中得以体现；而农业财政科技投入应用研究及试验发展研究的部分可能会对私人的农业研发投资具有挤出效应，抑制了私人投资对农业技术进步的积极贡献。因此，从整体上看，农业财政科技投入对农业技术进步的总体效应为负。

表 6-13 第 8 列的结果表明，农业实用新型专利在农业大省对农业技术进步率具有显著的负影响。这可能是因为，从整体上看，实用新型专利在技术上相对简单，具有较强的实用性，但从长期的、技术进步的视角来看，它并不是推动技术可持续发展的主要力量；一些更为基础的研发、质量水平更高的农业技术创新成果（如农业发明专利）将是推动农业技术进步的主导力量。而表 6-12 至表 6-14 的实证结果显示，农业发明专利对农业技术进步率的影响不显著，并不表明这种质量更高的专利与技术进步没有关联；相反，从理论上说，二者应该具有较强的关联性。对此可能的解释在于，我国的农业发明专利利用程度或产业化程度比较低，因而它对农业技术进步的影响机制受到了较大的限制。

**表 6-12　农业财政科技投入、不同类型农业专利数对农业技术进步率的影响**

| | 被解释变量：农业技术进步率 | | | |
|---|---|---|---|---|
| | (1) | (2) | (3) | (4) |
| ln (st) | -0.0218***<br>(0.00713) | — | — | — |
| ln (app_ total) | — | -0.00474<br>(0.00465) | — | — |
| ln (app_ invention) | — | — | -0.00950<br>(0.00648) | — |

续表

| | 被解释变量：农业技术进步率 | | | |
|---|---|---|---|---|
| | (1) | (2) | (3) | (4) |
| ln（app_ utility） | — | — | — | 0.000377<br>(0.00793) |
| $R^2$ | 0.366 | 0.391 | 0.392 | 0.390 |
| Ll | 798.5 | 1000.7 | 1002.7 | 1000.5 |
| N | 570 | 717 | 715 | 717 |

注：控制时间与省份固定效应；括号内为稳健标准误；***、**和*分别表示在1%、5%和10%的水平上显著。

**表 6-13　农业财政科技投入、不同类型农业专利数对农业技术进步率的影响：分阶段回归**

| | 被解释变量：农业技术进步率 | | | | | | | |
|---|---|---|---|---|---|---|---|---|
| | 1998—2004 年 | | | | 2005—2013 年 | | | |
| | (1) | (2) | (3) | (4) | (5) | (6) | (7) | (8) |
| ln（st） | -0.0343<br>(0.0244) | — | — | — | -0.0124<br>(0.0125) | — | — | — |
| ln（app_total） | — | -0.00475<br>(0.0127) | — | — | — | 0.00365<br>(0.00898) | — | — |
| ln（app_invention） | — | — | -0.00450<br>(0.0143) | — | — | — | 0.00112<br>(0.0112) | — |
| ln（app_utility） | — | — | — | 0.00837<br>(0.0162) | — | — | — | 0.00253<br>(0.0109) |
| $R^2$ | 0.326 | 0.364 | 0.365 | 0.364 | 0.546 | 0.544 | 0.544 | 0.544 |
| Ll | 352.2 | 549.9 | 550.9 | 550.0 | 554.8 | 554.2 | 554.1 | 554.2 |
| N | 300 | 447 | 445 | 447 | 270 | 270 | 270 | 270 |

注：控制时间与省份固定效应；括号内为稳健标准误。

表 6-14　农业财政科技投入、不同类型
农业专利数对农业技术进步率的影响：分区域回归（1998—2013 年）

| | 被解释变量：农业技术进步率 | | | | | | | |
|---|---|---|---|---|---|---|---|---|
| | 非农业大省 | | | | 农业大省 | | | |
| | (1) | (2) | (3) | (4) | (5) | (6) | (7) | (8) |
| ln（st） | -0.0195<br>(0.0126) | — | — | — | -0.0189*<br>(0.0106) | — | — | — |
| ln（app_total） | — | 0.006 36<br>(0.0105) | — | — | — | -0.00817<br>(0.00655) | — | — |
| ln（app_invention） | — | — | -0.00650<br>(0.0112) | — | — | — | -0.005 63<br>(0.00790) | — |
| ln（app_utility） | — | — | — | 0.0214<br>(0.0130) | — | — | — | -0.0147**<br>(0.00684) |
| $R^2$ | 0.340 | 0.363 | 0.358 | 0.369 | 0.515 | 0.567 | 0.566 | 0.569 |
| Ll | 347.6 | 443.0 | 441.8 | 444.6 | 506.1 | 628.6 | 628.3 | 629.5 |
| N | 285 | 357 | 355 | 357 | 285 | 360 | 360 | 360 |

注：控制时间与省份固定效应；括号内为稳健标准误；***、**和*分别表示在1%、5%和10%的水平上显著。

## 6.4 本章结论

本章基于 1978—2013 年各省的农业投入产出数据（其中，产出变量为农林牧渔业总产值，投入变量包括劳动投入、农作物播种面积、农业机械总动力及化肥使用量），采用面板 Malmquist DEA 方法估算了农业 TFP 增长率及其分解指标，即农业技术效率与农业技术进步率的动态指数。估算结果表明，1979—2013 年，全国农业 TFP 的（几何）平均增长率为 3.3%。农业 TFP 的这种增长主要是由技术进步（TECHCH）所推动，而非技术效率（EFFCH）的提升。这说明在提高中国农业生产的集约化程度方面，政府不仅需要增加研发投入以推动农业技术的进步，制定合适的农业

技术推广政策以提高农业技术的推广和使用效率同样非常重要。

各省农业 TFP 增长的对比分析表明，除西藏外，其他所有省份在 1979—2013 年的农业 TFP 均实现了增长。从总体上看，不同省份的农业 TFP 增长率存在差异，一些农业 TFP 增长较快的省份，其农业 TFP 的增长主要是由技术进步来推动的；而对于农业 TFP 增长缓慢的地区，其短板往往在于技术效率的提升不够，有的甚至出现了下降。因此，综合来看，提高农业的技术效率将成为推动农业 TFP 增长的潜力挖掘点。

本章进一步考察了农业技术创新对农业 TFP 的影响。研究表明，农业实用新型专利申请数对农业 TFP 增长具有显著的推动作用；而农业发明专利申请数对农业 TFP 增长没有显著的推动作用。这可能是因为发明专利通常技术较为复杂，且对发明专利的保护更为严格，这会在很大程度上约束发明专利的使用与推广。结合第 5 章农业科研院所转制对农业发明专利的显著影响可知，农业科技体制改革通过农业技术创新对农业 TFP 增长产生的积极影响还未得到充分释放，农业科技体制改革影响农业发展的渠道并不畅通。由此，本研究得到一个更为重要的政策启示：以发明专利为代表的高质量技术创新产出还没有发挥出强劲的创新驱动作用，因而需要政府在制定农业技术推广政策时进一步推动发明专利的产业化进程，将高质量的研发成果转化为现实的生产力。

对农业 TFP 分解因素的分析表明，以农业专利申请、授权为代表的农业技术创新主要通过影响技术使用效率来影响农业 TFP 的动态演变。这一结论为如何进一步推动我国农业 TFP 增长提供了很好的政策启示：由于农业技术创新对农业技术效率的提升具有显著的推动作用，而农业技术效率提升不够是我国农业 TFP 增长缓慢的主要原因。那么，提高农业技术创新成果（如农业专利）的数量和质量是解决我国农业 TFP 增长缓慢的有效方法。

最后，本章发现农业专利对农业 TFP 增长的促进效果在时间与空间维度存在异质性：农业技术创新对农业 TFP 增长、农业技术效率提升的促进作用主要体现在2005—2013年，并且这种促进作用在农业大省表现得更为明显。这表明：其一，2005年后，国家农业科技创新体系的建立在推动农业技术创新方面开始初见成效，随着农业科技体制改革的进一步深化，农业技术创新对农业发展的重要作用将会日益彰显；其二，在农业大省，巨大的农业技术需求市场能够强化农业技术创新对农业TFP增长的推动作用。因此，建立覆盖全国的农业技术交易市场，促进优质农业技术在全国的使用及推广，将有利于推动农业全要素生产率的长期发展。

# 第7章

# 农业技术推广体制改革对农业现代化的影响
## ——基于国家科技富民强县政策的实证分析

## 7.1 引言

农业发展不仅包含农业生产效率的提高，也包含农业向现代化的转变过程。农业现代化是指农业从传统的粗放式增长向以集约化生产为特征的现代农业转化的过程。农业现代化需要用现代工业装备农业、用现代科技改造农业，在这一过程中，必然伴随着农业机械使用量的提高。同时，由于资本与劳动之间具有一定程度的替代性，农业机械使用量的提高也必然伴随着农村剩余劳动力的增加和向城镇的转移，也就是说，农业现代化和工业化、城镇化是一个相伴而生的过程。由农业科研体制改革所引致的技术创新为农业现代化提供了制度保障和技术基础，但是，农业技术创新与农业现代化之间并不具有必然的因果关系；如果没有农业技术推广这一必要环节，技术创新的成果可能会被束之高阁，而无法对现实的农业生产作出贡献，农业生产也将面临“最后一公里”问题；不仅如此，农业技术推广体制的改革也进一步决定了技术创新能够在多大程度上转化为现实的农业生产力。因此，对农业技术推广体制改革与农业现代化之间关系的考察是本研究链条上最后一个，但是非常重要的一个环节。农业技术推广体制改革可以体现为对一系列农业技术推广政策的制定和实施，本章以国家科技富民强县专项行动计划这一涉及面非常广的农业技术推广政策为例，考察了农业技术推广政策对农村就业以及农业机械动力使用情况的影响。

我国政府历来比较重视农业技术推广体系的建设。2010 年的中央一号文件更是明确指出，提高农业技术创新和技术推广能力是促进中国农业发展方式转变的关键环节。基于一号文件的顶层设计，我国政府采取了一些专门针对农业的科技计划，旨在利用科技来助推农业发展。在这些科技计划当中，“国家科技富民强县专项行动计划”因其持续性强、涉及面广而备受关注。“国家科技富民强县专项行动计划”立足于本地特色资源，以项目为载体，由各县（市）首先进行申报，科技部、财政部从申报的县（市）中选出一批具有区域带动性的农业科技项目作为试点。该计划遴选的重点在中西部地区和东部欠发达地区，每年启动一批试点县（市），实施一批重点科技项目，旨在发挥项目的示范引导作用，从整体上带动县域经济发展。国家科技富民强县项目的持续时间通常为 3 年，对于项目实施效果较好的县（市），可依情况进行追加资助。该计划具有一系列的政策目标，如依靠技术进步与推广科技进步，发展一批区域辐射能力强的特色支柱产业，带动农民致富、财政增收，建立富民强县的长效机制等。[1]截至 2010 年，科技部、财政部共批复了 973 个县（市）为“国家科技富民强县专项行动计划”试点县（市），覆盖了全国 90%以上的省（直辖市、自治区）。历年立项数目见图 7-1。

[1] 详见“国家科技富民强县专项行动计划实施方案（试行）”。

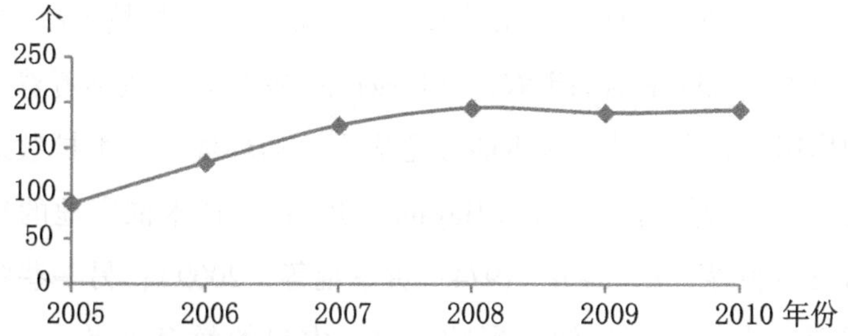


数据来源：科技部及相关网站。

**图 7-1　2005-2010 年“国家科技富民强县专项行动计划”项目年度立项数**

作为一项非常系统、庞大的农业科技政策，它对农业就业、农业生产方式究竟产生了怎样的影响？对这一问题进行回答，一方面，有利于对以国家科技富民强县为代表的重要科技政策进行评估，考察我国科技资金使用的真实效果；另一方面，有利于探析以国家科技富民强县政策为代表的农业政策是否在解决我国三农问题上具有特殊功效，是否能够实现以创新来驱动农村、农业发展。据此，对国家科技富民强县政策进行评估将有利于同时从科技资金使用效率及三农问题解决突破上提供理论与实证支持。从笔者了解的文献来看，鲜有研究对该政策的作用效果进行严格的实证评估。本研究旨在系统地收集数据，对该政策进行严格的、基于因果关系视角的评估。本研究对国家科技富民强县政策的评估将有利于对已经实施过的资助项目的实际效果进行考察，亦将有利于为正在进行或将要展开的“国家科技富民强县专项行动计划”项目提供实证借鉴。

## 7.2 有关国家科技富民强县政策评估的文献

与本研究相关的文献主要有两支。一支是讨论农业科技推广的影响因素及其对就业、生产方式影响的文献。在考察农业技术扩散的影响因素研究中，学者们将这些因素归为系统层面（system-blame）与个体层面（individual-blame）两类，前者是指从整个社会系统来寻找技术扩散的原因，后者则将技术扩散的主因归于农户（Rogers，1983）。一些学者着重强调系统因素的作用，如农业技术是否能够适应当地的环境、技术扩散地与技术发源地的环境是否具有相似性（Hayami，1973）、技术推广地的气候条件和农业研发体制等（Evenson，1974；黄季焜等，2009）；另一些学者则强调个体因素对农业技术扩散的影响，包括农户的教育水平（Lin，1991；Fuglie and Kascak，2001；Useche et al.，2009）、农户之间的相互学习或社会式的网络学习（Shampine，1998 ；Conle and Udry，2001）、获得贷款的机会（Abdulai and Huffman，2005）等。与此同时，学术界围绕技术扩散的就业促进作用展开了深入讨论，如 Harrison 等人（2008）基于法国、德国、西班牙和英国的企业数据发现，流程创新对就业具有负的影响，而产品创新则有利于拉动就业；Hall 等人（2008）基于意大利的企业数据发现，流程创新并未对就业带来显著的负向影响，产品创新的就业拉动能力在意大利也较 Harrison 等人（2008）研究中涉及的四个国家低。这些研究对我们理解技术创新的就业促进效果具有重要的启示意义。

与本研究密切相关的第二支文献来自对我国农业科技政策评估的研究。一些学者对我国执行的科技政策进行了广泛而深入的研究，包括考察政府资助政策对企业创新的影响（秦雪征等，2012；朱平芳和徐伟民，2003；姚洋和章奇，2001）、知识产权政策对企业创新的影响（史宇鹏等，2013）、专利资助政策对创新的影响（Li，2012），等等。但聚焦于农业科技政策的评估相对较少，聚焦于“国家科技富民强县专项行动计划”的严格评估的研究则更少。“国家科技富民强县专项行动计划”自 2005 年开始实施以来，受到政府与学术界广泛的关注。从整体上看，有关于这一政策的研究，主要集中于对政策效果的案例分析、描述统计分析和相关性分析，现有文献很少从因果关系的角度对政策效果进行实证检验。譬如，林涛等（2008）对“国家科技富民强县专项行动计划”的试点县（市）分布、科技工作和经济发展成效进行了统计分析，发现该政策促进了财政增收、农民增收和农村就业，并从科技优先、资源整合、各级政府大力支持、机制体制创新等方面总结了其成功经验。许奇峰和张雨（2010）用灰色关联度方法分析了该专项行动对县域经济的影响，发现该政策在农民增收、壮大县域经济、培育龙头企业、强化县（市）科技工作等方面产生了积极作用；肖广岭（2008）认为国家科技富民强县政策能迅速取得显著成效的原因在于该项目能有效集成各种资源。这种集成作用主要体现为国家层面各种资源的集成、中央和地方各级政府资源的集成，以及政府与企业及社会科技资源的集成。林涛等（2009）以“国家科技富民强县专项行动计划”试点县（市）为例，运用情景分析法（Scenario Analysis），描述并分析了县域特色产业创新的发展过程。这些研究为国家科技富民强县政策评估提供了丰富的案例、数据支持，对我们理解该政策的作用效果具有重要的参照价值。但上述研究多数基于案例分析与相关性的统计分析，难以揭示该政策与农村就业、农业生产方式转变之间的因果关系。

本研究通过收集 2005—2010 年实施的“国家科技富民强县专项行动计划”项目数据，并将其与县级经济发展数据匹配，构造了 2000—2010 年的县级面板数据，采用双重差分法、倾向得分匹配双重差分法，旨在从揭示因果关系的视角考察国家科技富民强县政策的作用效果。结合政策目标与数据的可获得性，本章聚焦于农村就业及农业机械化这两个重要的政策影响变量，考察了国家科技富民强县政策对二者的影响。本研究从以下方面丰富了既有文献。其一，丰富了农业技术扩散影响因素及其作用效果的文献。本研究所考察的国家科技富民强县政策所带来的技术扩散在一定程度上体现了自上而下的政府政策推动，即具有系统性因素特征，同时项目申报过程也体现了自下而上的选择性特点，具有个体性因素特征，因而体现了两种因素的综合。本研究亦有利于丰富关于创新与就业的文献。与 Harrison 等人（2008）、Hall 等人（2008）基于微观个体数据考察创新与就业特征的相关性分析构成互补，本研究基于中国的农业科技推广项目数据，从技术扩散视角考察农业创新对就业的影响，有利于丰富基于这一研究主题的分析视角。其二，本研究对国家科技富民强县政策的作用效果进行严格的实证检验，对该政策及相关农业科技政策的评估均具有较大的借鉴意义。其三，本研究从揭示因果关系的视角考察政策的作用效果（而非相关性），并通过考察双重差分法的实施前提条件、各种稳健性检验及通过匹配双重差分法控制内生性问题等实证处理，在方法上亦有一定的创新性。

## 7.3 研究设计

### 7.3.1 政策变量的定义

在本研究的研究样本中，有些县域获得过至少一次“国家科技富民强县专项行动计划”项目的资助，有极少数的县（市）获得了两次项目资助，且绝大多数为基于原项目的追加资助，笔者将这些县（市）归为被试组；与此同时，在收集到的2000多个县域信息中，余下的县（市）在整个样本期间都没有接受过该项目的资助，笔者将这些县（市）归为控制组。由于可以确定被试组中每个县（市）接受国家科技富民强县政策的具体年份，故可以清晰地定义本研究的政策变量（Policy）：当某县（市）属于被试组且所处年份为接受该政策资助当年及其以后的年份时，将其定义为1；其余情况定义为0。基于这样的定义和数据结构，本章可以采用经典的双重差分法（Difference-in-Differences）来评估“国家科技富民强县专项行动计划”的政策效果。

### 7.3.2 同趋势检验

使用双重差分法的一个前提是，在政策执行之前，刻画政策作用效果的被解释变量在被试组与控制组中具有相同的增长趋势（common trend）。本研究采用如下回归模型对同趋势假设进行检验[1]：

$$Y_{it} = a_0 + a_1 \times trend_{it} + u_i + v_t + \varepsilon_{it}\ (\ trend_{it} = treat_i \times t\ ) \tag{7-1}$$

其中，$Y_{it}$为刻画政策作用效果的被解释变量，即刻画农村就业的乡村从业人员数（vil-wor）[2]及刻画农村资本使用情况的人均农业机械动力使用量（kl）。$trend_{it}$为$treat_i$与时间$t$的乘积，$treat_i$为在整个样本期间县（市）是否接受过该政策资助的虚拟变量：在样本期间接受过政策资助的县（市）定义为1，反之定义为0。$t$为时间趋势变量，是一个连续变量。在公式（7-1）中，用个体虚拟变量（$u_i$）来控制县（市）层面不随时间改变的个体固定效应，用时间虚拟变量（$v_t$）来控制时间固定效应，即采用标准的双向固定效应模型，$\varepsilon_{it}$为残差项。

该回归所使用的数据为2000—2004年。在此期间，国家科技富民强县政策还没有开始实施，因此，所有县（市）都没有接受过该政策的资助。在式（7-1）中，笔者关心的回归系数为$a_1$。若$a_1$不显著，表明被试组与控制组在被解释变量$Y_{it}$（乡村从业人员数及人均农业机械动力使用量）上的发展趋势不存在显著差异，即二者具有相同的发展趋势，表明控制组有利于将其他非政策因素分离出来，双重差分法具有较好的可行性。若$a_1$显著，则说明被试组与控制组在被解释变量$Y_{it}$上的发展趋势具有显著差异，所选取的控制组与被试组不具有良好的可比性。

### 7.3.3 双重差分法的模型设定

在满足共同趋势的前提下，可以使用双重差分法来估算政策的作用效

---

[1] 模型设定中没有加入时间趋势$t$，因为它与$v_t$完全共线。

[2] 乡村从业人员，指乡村人口中16周岁以上实际参加生产经营活动并取得实物或货币收入的人员，既包括劳动年龄内经常参加劳动的人员，也包括超过劳动年龄但经常参加劳动的人员。但不包括户口在家的在外学生、现役军人和丧失劳动能力的人，也不包括待业人员和家务劳动者。从业人员年龄为16周岁以上。从业人员按从事主业时间最长（时间相同按收入）分为农业从业人员、工业从业人员、建筑业从业人员、交运仓储及邮电通讯业从业人员、批零贸易及餐饮业从业人员、其他行业从业人员。此处“vil_ wor”作为变量名，其变量含义见后文表7-1。

果。具体模型设定如下：

$$Y_{it} = b_0 + b_1 \times policy_{it} + u_i + v_t + \varepsilon_{it} \tag{7-2}$$

在该回归中，使用所有年份（2000—2010 年）的样本数据，且主要关心 $policy_{it}$ 变量的回归结果，其回归系数 $b_1$ 刻画政策的作用效果。若 $b_1$ 显著为正，则说明国家科技富民强县政策对模型的被解释变量（乡村从业人员数或人均农业机械动力使用量）具有显著的推动作用；若 $b_1$ 不显著，则说明该政策的作用效果不明显。

### 7.3.4 匹配双重差分法

使用双重差分法会遇到的一个关键问题是政策的内生性。如果政策的实施具有内生性，即接受国家科技富民强县政策支持的县（市）具有某些特定属性，如适度的财政支持能力，或适宜于推广农业技术的地理特征，若不考虑这些因素将导致政策效果的估算出现偏误。一个重要的修正方法，首先将被试组与控制组进行匹配（匹配依据将在下文进行介绍），提高控制组与被试组在是否接受国家科技富民强县政策之外的特征上具有的可比性或平衡性（balance），然后再采用双重差分法估算政策效果，即采用匹配双重差分法。

匹配双重差分法具有许多优良的性质。一些学者从理论上论证了该方法的优越性。譬如，Heckman 等人（1997）的研究表明，匹配双重差分法能够有效消除估算偏误，尤其是由那些临时性的不随时间改变的不可观测变量所导致的偏误；Smith 和 Todd（2005）的研究表明，基于倾向得分匹配的双重差分法在诸多匹配方法与双重差分方法中，具有最小的偏误。由于该方法具有优良的性质，研究者们广泛采用该方法来进行政策评估，如 Pufahl 和 Weiss（2009）利用该方法来评估农业计划的实施效果；Girma 和 Görg（2007）考察了国外企业所有权对工资溢价的影响；Fu 等人（2007）考察了第二代抗抑郁药对抑郁狂躁型忧郁症（Bipolar Disorder）患者的治疗效果；Blundell 等人（2004）考察了强制性的工作搜索项目对就业的影响。

本章采用文献中最常使用的倾向得分法对被试组与控制组进行匹配。在选择匹配变量时，主要选取那些显著影响县（市）是否获得国家科技富民强县政策支持的变量，用以控制样本间能够观测的异质性。鉴于此，需要首先确定哪些因素会显著影响某县（市）能否获得国家科技富民强县政策的支持，方程设定如下：

$$p(y_{it} = 1 \mid x_{it}) = c_0 + c_1 {}^* X_{it} + u_i + v_t + \varepsilon_{it} \tag{7-3}$$

其中，$X_{it}$为一向量，表示影响县（市）获得国家科技富民强县政策支持的因素。$u_i$、$v_t$ 和 $\varepsilon_{it}$的经济含义同式（7-1）。结合国家科技富民强县政策的遴选要求文件及数据的可获得性，笔者选择如下变量作为核心解释变量：第一，反映农业发展规模的变量，包括农业的绝对发展规模与相对发展规模。其中，绝对发展规模用该县（市）第一产业增加值衡量，相对发展规模用该县（市）第一产业增加值占第一、第二产业增加值之和的比重衡量。笔者预期农业发展的绝对规模与获得国家科技富民强县政策支持的概率具有正相关性，原因在于具有较大农业绝对规模的县（市）更有利于获得技术推广所带来的规模经济。第二，反映地方政策的财政收入水平及金融发展水平的变量。其中，财政收入水平用地方财政一般收入这一指标以及它的二次项衡量，金融发展水平用年末金融机构贷款余额衡量。考虑到国家科技富民强县政策需要当地政府提供配套资金，笔者预期当地适度的财政收入水平有利于其获得政策资助；与此同时，由于国家科技富民强县政策的执行推广同时需要个人及社会资金的支持，笔者预期当地较好的融资环境会与政策的获得概率具有正相关性。最后，笔者控制了一些反映经济地理特征的变量，如是否为陆地边境县、是否位于九大农区、是否位于牧区半牧区、是否为沿海开放县、是否为粮食生产大县，以及反映地形特征的变量。由于不同的技术对自然环境等地理特征具有不同的要求，笔者预期这些反映经济地理特征的变量将显著地影响县（市）是否获得政策资助这一变量的概率。

由于国家科技富民强县政策在 2005 年开始实施，本章选取 2004 年的数据以及上述各解释变量用倾向得分法进行匹配，将由此得到的匹配样本及其权重作为匹配双重差分法的分析基础，进而采用匹配双重差分法来估算政策的作用效果。

## 7.4 数据来源及变量描述统计

本研究使用的县域经济数据来自历年《中国县（市）社会经济统计年鉴》，“国家科技富民强县专项行动计划”项目数据来自手动网络搜索。其中，笔者收集了 2005—2007 年全部“国家科技富民强县专项行动计划”项目，并尽可能地收集了 2008 年（含）之后的项目数据[1]。然后，依据县名对两个数据库（经济数据库与项目数据库）进行对接，并对县名更改、两县合并、县被撤销等情形进行了细致的处理。本研究数据结构为非平衡面板数据，时间跨度为 2000—2010 年，历年的县（市）数量由于撤销、合并存在一定的变化，但基本位于 2044—2079（含）。

《中国县（市）社会经济统计年鉴》提供了一些反映县（市）经济发展的基本变量，包括乡村从业人员数、农业机械总动力、第一产业增加值等反映农业发展的变量，也包含一些反映县（市）财政金融发展程度的指标，如地方财政收入、财政支出及年末金融机构贷款余额等方面的信息，以及一些反映地理特征的变量，如是否为陆地边境县、是否位于九大农区、是否位于牧区半牧区、是否为沿海开放县、是否为粮食生产大县、是否为国家扶贫工作重点、地形特征等。

本研究用乡村就业人数来代表乡村就业情况，用人均的农业机械动力来

[1] 受限于数据，很难将 2008 年之后的“国家科技富民强县专项行动计划”项目找齐全，其会影响政策效果估算，但如果这些被“遗漏”的政策能够对县域经济产生类似的影响，该“遗漏”是不利于政策效果估算的。

衡量农业生产中的资本深化程度。对于价值变量，本章依变量特征采用不同的平减指数进行了平减。其中，第一产业增加值、财政收入、年末金融机构贷款余额用 CPI 指数进行了平减；第二产业增加值用出厂价格指数进行了平减。为了克服离群值对回归结果带来的影响，对连续型变量在上下端 5%处进行了缩尾处理。[1]本研究使用的主要变量的描述统计见表 7-1。

**表 7-1　主要变量的描述统计**

| 变量名 | 变量含义 | 均值 | 标准差 | 最小值 | 最大值 |
|---|---|---|---|---|---|
| vil_wor | 乡村从业人员数（人） | 202 594 | 151 135 | 15 176 | 554 500 |
| kl | 人均农业机械动力（千瓦/人） | 1.602 | 1.196 | 0.341 | 4.680 |
| policy | 政策变量 | 0.100 | 0.300 | 0 | 1 |
| fir_val | 第一产业增加值（亿元） | 8.786 | 7.125 | 0.706 | 25.65 |
| agr_share | 第一产业增加值占比 | 0.440 | 0.201 | 0.102 | 0.793 |
| fis_inc | 地方财政一般收入（亿元） | 1.658 | 1.913 | 0.0801 | 7.535 |
| sq_fisinc | 地方财政一般收入平方（亿元） | 6.409 | 13.94 | 0.006 42 | 56.78 |
| loan | 年末金融机构贷款余额（亿元） | 15.72 | 13.46 | 0.783 | 50.70 |

注：其他经济地理变量包括是否为陆地边境县、是否位于九大农区、是否位于牧区半牧区、是否为沿海开放县、是否为粮食生产大县、是否为国家扶贫工作重点、地形特征，在此表没有报告。

# 7.5 实证结果

## 7.5.1 同趋势检验

在利用双重差分法考察国家科技富民强县政策对就业与资本深化程度的因果关系前，首先需要确认在政策执行前，控制组与被试组的被解释变

〔1〕 附录 5 描述了本章数据的详细处理过程。

量具有相同的趋势。遵循式（7-1）的基本设定，本节依次检验在政策执行前（2000—2004 年），被试组县（市）与控制组县（市）在农村就业及资本密集度上的发展趋势。如果核心变量 *trend* 的系数 $a_1$ 显著，表明两组样本在政策执行前已经具有不同的发展趋势，二者之间不具有较好的可比性；如果 *trend* 的系数 $a_1$ 不显著，表明两组样本具有类似的发展趋势，所选取的控制组样本是合理的。进一步，考虑预期的作用效果，即一些县（市）在申报过程中的努力可能导致两组间的差异，采用 2000—2003 年的数据进行稳健性检验。表 7-2 的回归结果表明，控制组与被试组的就业与资本深化程度在政策执行前均具有相同趋势，这为下一步的检验提供了良好的数据基础。

**表 7-2　同趋势检验**

| | 2000—2004 年 | | 2000—2003 年 | |
|---|---|---|---|---|
| | （1） | （2） | （3） | （4） |
| | vil_wor | kl | vil_wor | kl |
| trend | −71. 84 | 0. 006 83 | −215. 2 | 0. 005 30 |
| | （213. 0） | （0. 005 22） | （228. 6） | （0. 005 88） |
| $R^2$ | 0. 0469 | 0. 0829 | 0. 0321 | 0. 0590 |
| Ll | −108 356. 4 | 571. 0 | −85 352. 4 | 1733. 5 |
| N | 10 304 | 10 156 | 8240 | 8124 |

注：控制时间、个体固定效应；括号中为稳健标准误。

## 7. 5. 2 政策作用效果检验

笔者依式（7-2）的设定进一步检验国家科技富民强县政策与农村就业及人均农业机械动力使用情况的因果关系。表 7-3 的回归结果表明，该政策对于农村就业量的影响虽然为正（1185. 2），但在统计上不显著；同时，该政策能够将人均农业机械动力使用量提升 54.6 瓦，且在 5%的水平上显著。为了验证该结论的稳健性，下文从政策变量的定义及标准误的计算等方面重新估算政策效果。

**表 7-3　政策对农村就业与农业机械动力使用情况的影响：基本回归**

| | (1) | (2) |
|---|---|---|
| | vil_wor | kl |
| policy | 1185.2 | 0.0546** |
| | (808.3) | (0.0215) |
| $R^2$ | 0.118 | 0.304 |
| Ll | -246 410.9 | -8555.2 |
| N | 22 456 | 22 099 |

注：控制了时间、个体固定效应；括号中为稳健标准误；** 表示在 5%的水平上显著。

考虑位于同一省份的县（市）受省内农业政策的影响，可能在农村就业与农业机械使用强度方面具有一定程度的相关性，因此，本节进一步计算了省份层面的聚类（cluster）标准误，回归结果见表 7-4 第 1 列、第 2 列；另外，由于县（市）获得立项批准的当年并未完全实施该政策，笔者将被试组中立项第 1 年的样本删除后重新检验，回归结果见表 7-4 第 3 列、第 4 列；最后，该政策的资助年限通常为 3 年，这意味着该项目在 3 年期满后如果不能获得追加立项就不再获得政策资助，因此，将被试组中项目实施超过 3 年的样本的政策变量（policy）赋值为 0，回归结果列于表 7-4 第 5 列、第 6 列。表 7-4 的回归结果表明，无论是采用不同的标准误估算方法，还是采用不同的政策变量赋值方式，所得到的结论均与基本回归高度一致：国家科技富民强县政策没有显著地拉动农村就业，但对于人均农业机械动力的使用具有显著的促进作用。

表 7-4　政策对农村就业与农业机械动力使用情况的影响：不同的模型设定

| | 省内聚类 | | 去掉政策实施当年样本 | | 项目期满的样本变为控制组 | |
|---|---|---|---|---|---|---|
| | (1) | (2) | (3) | (4) | (5) | (6) |
| | vil_wor | kl | vil_wor | kl | vil_wor | kl |
| policy | 1185.2 | 0.0546* | 871.9 | 0.0391** | 1362.8 | 0.0697*** |
| | (826.8) | (0.0278) | (649.4) | (0.0184) | (961.3) | (0.0255) |
| $R^2$ | 0.118 | 0.304 | 0.117 | 0.303 | 0.116 | 0.304 |
| Ll | −246 410.9 | −8555.2 | −246 412.5 | −8561.0 | −239 806.7 | −8330.5 |
| N | 22 456 | 22 099 | 22 456 | 22 099 | 21 843 | 21 491 |

注：控制了时间、个体固定效应；除第 1—2 列为以省聚类计算的标准误外，其他列为稳健标准误；***、**和*分别表示在 1%、5%和 10%的水平上显著。

作为稳健性检验，下文尝试采用安慰剂效应检验（placebo test）方法来考察政策的作用效果。即在该政策启动实施之前（2005 年之前），假定在被试组中实施了该政策——假定被试组在 2003 年就实施了该政策——进而考察政策的作用效果，笔者预期其政策效果应该是不显著的，因为 2003 年实际上并未实施该政策。基于该假定的回归结果见表 7-5 的第 1 列、第 2 列；进一步，也可以分别假定被试组在 2002 年和 2001 年实施了该政策，回归结果见表 7-5 第 3—6 列。表 7-5 的回归结果表明，无论假定政策发生在哪一年（2001 年、2002 年或 2003 年），其作用效果都不显著，这也从侧面验证了上述检验的真实有效性。

表 7-5　政策对农村就业与农业机械动力使用情况的影响：安慰剂效应检验

| | 2003 年被试 | | 2002 年被试 | | 2001 年被试 | |
|---|---|---|---|---|---|---|
| | (1) | (2) | (3) | (4) | (5) | (6) |
| | vil_wor | kl | vil_wor | kl | vil_wor | kl |
| p_policy | -28.67 | 0.0209 | -317.9 | 0.0181 | -558.5 | 0.006 61 |
| | (562.4) | (0.0141) | (547.9) | (0.0133) | (544.3) | (0.0150) |
| $R^2$ | 0.0469 | 0.0829 | 0.0470 | 0.0828 | 0.0470 | 0.0826 |
| Ll | -108 356.5 | 571.2 | -108 356.2 | 570.7 | -108 355.8 | 569.2 |
| N | 10 304 | 10 156 | 10 304 | 10 156 | 10 304 | 10 156 |

注：控制时间、个体固定效应；括号中为稳健标准误。

### 7.5.3 是否获得国家科技富民强县政策支持的决定因素

首先考察县（市）是否获得国家科技富民强县政策支持的主要影响因素。表 7-6 中的第 1 列考察农业生产的绝对规模及其相对规模（第一产业增加值在第一、第二产业总增加值中的占比）对是否获得政策支持的影响。回归结果表明，是否获得政策支持与农业生产的绝对规模具有正相关性，与相对规模的相关性不显著。这一点比较好理解，农业科技推广一般会选择农业发展绝对规模较大的区域，以充分发挥农业技术的规模效应；相对而言，农业产值在某地区的相对占比反映的是产业结构方面的特征，它不能反映某地区是否具备实施某项农业技术的农业基础，譬如某县农业产值占比较小，并不意味它的农业总体规模较小，也不意味着它不具备推广该技术的农业基础。

第 2 列考察的是地方财政收入水平对县（市）是否获得政策支持的影响。回归结果表明，具有适度财政收入水平的县更有可能获得国家科技富民强县政策的支持。这可以从两个方面来理解：一则国家科技富民强县政策与扶贫政策不同，它要求地方政府提供配套的资金，因此，具有一定程度的财政收入的县域更有能力来争取这些项目；二则由于国家科技富民强县政策所推广的主要为农业技术，因而申报项目支持的县（市）大多为农业大县，相对于那些工业、服务业为主的县（市），其财政收入要略低于后者，这就导致那些财政收入规模适中的县（市）具有更高的比例获得该项政策支持。第 3 列考察的是金融发展水平对政策获取的影响。用该年年末金融机构贷款来近似地刻画当地金融市场的活跃程度，发现两者具有显著的正相关性。这可能是因为国家科技富民强县政策的有效实施，除了需要中央政府与地方政府的资金支持外，还需要项目的承担方提供配套资金，在项目承担方自有资金不足的情况下，当地金融市场的发展将有利于项目的融资，并有利于项目的推进。进一步，该项目要发挥乘数效应，将会产生更多的资金需求，这些需求是否能够得到满足，在很大程度上依赖于当地金融市场的发育程度。

**表 7-6　国家科技富民强县政策决定因素（2004 年）**

| | 农业基础 | 财政收入 | 金融发展 | 综合 |
|---|---|---|---|---|
| 第一产业增加值 | 0.0244*** | — | — | 0.0327*** |
| | (0.004 34) | — | — | (0.009 10) |
| 第一产业增加值 | 0.0830 | — | — | -0.281 |
| | (0.150) | — | — | (0.277) |
| 地方财政一般收入 | — | 0.434*** | — | 0.0571 |
| | — | (0.0624) | — | (0.116) |
| 地方财政一般收入平方 | — | -0.0748*** | — | -0.0309** |
| | — | (0.0114) | — | (0.0148) |
| 年末金融机构贷款余额 | — | — | 0.009 80*** | 0.0110** |
| | — | — | (0.002 20) | (0.004 65) |
| 常数项 | -0.750*** | -0.786*** | -0.658*** | -1.410*** |
| | (0.0858) | (0.0527) | (0.0438) | (0.432) |

续表

| | 农业基础 | 财政收入 | 金融发展 | 综合 |
|---|---|---|---|---|
| 地理变量+省份 | 否 | 否 | 否 | 是 |
| 拟 $R^2$ | 0.0123 | 0.0245 | 0.007 49 | 0.107 |
| 对数似然值 | -1232.8 | -1234.6 | -1252.3 | -1102.3 |
| 样本量 | 2027 | 2059 | 2053 | 2002 |

注：括号中为稳健标准误；***和**分别表示在1%和5%的水平上显著。

第 4 列综合了上述三类因素，并进一步将反映县（市）地理特征的变量及省份变量引入进来。笔者发现上述三类因素的回归结果没有发生实质性的改变，且由于加入了地理特征及省份变量而使模型的整体解释能力有了极大地提高，模型的拟合优度（近似地由拟 $R^2$ 来表示）由之前的不足5%，增长到 10%以上。新加入的控制变量也能够有力地解释县（市）的政策获取情况，如相对于长江中下游地区，青藏高原区获得该政策支持的概率要显著低一些；另外，相对于长江三角洲经济区，环渤海经济区、南部沿海经济区获得该政策支持的比率要相对高一些。另外，不同省份的县（市）获得该政策支持的概率也存在显著差异，如相对于安徽（基准组），一些省区如广东、河北、河南、山东、陕西获得该政策支持的概率要小一些；一些西部省区如宁夏、青海获得该政策支持的概率要相对大一些。

### 7.5.4 考虑政策内生性的政策效果检验

上述回归结果表明，在满足同趋势检验的前提下，采用双重差分法来估算政策效果是合理的。但政策的获得仍有可能具有内生性问题，且上一部分对获得政策的影响因素的分析也表明，某县（市）是否获得“国家科技富民强县专项行动计划”项目的支持与其农业基础、财政收入、金融发展水平及其他经济地理因素有关。因此，本节主要讨论和解决政策的内生性问题。具体来说，本节所采取的实证策略是倾向得分匹配双重差分法，在政策执行的前一年（2004 年），用那些影响县（市）是否获得政策的变量预测所有样本获得政策资助的概率，依据此概率得到匹配样本的权重（与被试组样本概率越接近的控制组样本获得的权重越大；反之，权重越小），将被试组与控制组进行匹配，再用双重差分法检验政策的作用效果。

在匹配过程中采用核匹配方法，用于匹配的变量包括第一产业增加值、第一产业增加值占比、财政收入及其平方、金融机构年贷款余额及在式（7-1）中所有的经济地理变量。考虑到匹配的经济学意义且不失匹配的全面性，对被解释变量（vil_wor 或 kl）采用事后平衡性检验，而不将其直接作为匹配变量。表 7-7 列示了除经济地理变量外上述变量的均值检验结果。结果显示，上述变量在被试组与控制组间均不存在显著差异，即被试组与控制组在上述特征方面是平衡的。

**表 7-7　核心变量的均值检验**

| 变量 | 被试组 | 控制组 | 偏差减少值 | T 值 | P 值 |
|---|---|---|---|---|---|
| fir_val | 9.428 | 9.508 | −1.200 | −0.200 | 0.843 |
| agr_share | 0.451 | 0.454 | −1.600 | −0.290 | 0.773 |
| fis_inc | 1.216 | 1.226 | −0.700 | −0.150 | 0.880 |
| sq_fisinc | 2.746 | 2.759 | −0.100 | −0.0400 | 0.971 |
| loan | 16.63 | 16.97 | −2.700 | −0.450 | 0.653 |
| vil_wor | 230 000 | 220 000 | — | 0.620 | 0.537 |
| kl | 1.451 | 1.431 | — | 0.300 | 0.761 |

注：控制时间、个体固定效应；基于 2004 年的数据进行匹配。其他经济地理变量也是平衡的，为节省篇幅，此处没有报告。

表 7-8 列示了匹配双重差分法的结果。对比双重差分法的回归结果可知，经过匹配后，回归系数均有一定程度地下降，但显著性基本没有发生变化。这表明，国家科技富民强县政策不能显著地拉动农村就业，但能够显著地提高人均农业机械动力的使用量。

表 7-8　政策对农村就业与农业机械动力使用情况的影响：匹配差分法

| | (1) | (2) |
|---|---|---|
| | vil_wor | kl |
| policy | 847.6 | 0.0469** |
| | (884.4) | (0.0217) |
| $R^2$ | 0.127 | 0.331 |
| Ll | -238 671.4 | -7285.7 |
| N | 21 682 | 21 386 |

注：控制时间、个体固定效应；采用基于核匹配权重的双重差分法；括号中为稳健标准误；**表示在5%的水平上显著。

综合上述实证分析结果，可以得到以下结论：国家科技富民强县政策并不能显著地拉动农村就业，但该政策能够显著地提高人均农业机械动力的使用量。对于前一结论，本研究丰富了既有的实证与理论发现，虽然未能像 Harrison 等人（2008）那样区分流程创新与产品创新，并分别考察两类创新对就业的影响，但本研究以国家科技富民强县政策为例，考察农业技术推广对农村就业的影响，并立足于中国这样一个具有庞大农业人口的发展中国家，得到技术扩散不能显著促进农村就业的结论，对基于发展中国家数据的研究具有一定的启示意义；与此同时，本研究发现国家科技富民强县政策能够显著地提高人均农业机械动力的使用量，这或许也能够解释为何该政策没有显著地拉动农村就业，即该政策的项目可能更多地通过农业机械化的使用来完成，而机械化程度的提高对就业增加具有替代作用，从而该政策并没有展现出较大的就业拉动能力。因此，希望通过类似的农业技术推广政策来提升农村就业进而增加农户收入水平的政策效果在本研究中并不显著。

### 7.5.5 政策效果的异质性

国家科技富民强县政策在具有不同经济地理特征的县（市）对农村就

业与人均农业机械动力使用的拉动效果可能存在差异，本节采用匹配双重差分法进一步考察政策效果的异质性。结合数据的可获得性及经济解释的合理性，下文从如下三个维度来考察政策效果的异质性：其一，各地的主产农作物特征，据此可以将各县（市）分为粮食生产大县、棉花生产大县及其他县；其二，各地的地形特征，可以将各县（市）分为平原县、丘陵县及山区；其三，两者的综合，既可以涵盖不同的地形特征，也能够区分适宜种植的主要农作物，依地理位置将各县（市）分为长江中下游区、东北区、甘新区、华南区、黄淮海区、黄土高原区、内蒙古及长城沿线区、青藏高原区及西南区。

本节在式（7-2）的基础上加入政策变量（policy）与上述三个刻画县（市）经济地理特征的变量，来分别考察基于主要农作物、地形特征及地区特征的政策效果差异，回归结果见表 7-9。若以粮食生产大县为基准组，第 1 列、第 2 列的结果表明，相较于粮食生产大县，国家科技富民强县政策在其他县（市）的就业拉动能力及人均农业机械动力使用量的提升能力要显著偏低。这一点较好理解，粮食生产大县从事粮食生产的工作人员较多，且具有更好的机械化生产基础，这些县（市）一方面更容易获得国家科技富民强县政策的支持，另一方面其在政策的支持下也更容易发挥生产的规模效应，发挥更大地拉动就业、促进机械动力使用的政策效果。

在第 3 列、第 4 列回归中，以平原县（市）为基准组，结果显示，相较于平原县（市），山区县（市）的政策对人均农业机械动力使用的促进效果显著更弱。这一点也与现实相符，平原地区更适宜大规模的机械化耕作，而山区的地理特征会限制机械的使用，从而导致政策在山区县（市）农业机械动力使用的促进作用要显著弱于前者。

**表 7-9　政策效果的异质性分析**

| | (1) | (2) | (3) | (4) | (5) | (6) |
|---|---|---|---|---|---|---|
| | vil_wor | kl | vil_wor | kl | vil_wor | kl |
| policy | 3650.5** (1514.3) | 0.119*** (0.0397) | -65.75 (1490.8) | 0.0780** (0.0383) | -745.6 (1697.6) | 0.155*** (0.0402) |
| policy*棉花生产大县 | -1175.4 (3019.0) | 0.0260 (0.0820) | — | — | — | — |
| policy*其他 | -4124.9** (1629.8) | -0.112** (0.0451) | — | — | — | — |
| policy*丘陵县 | — | — | 3026.6 (2011.7) | 0.0299 (0.0538) | — | — |
| policy*山区 | — | — | 309.7 (1629.1) | -0.0959** (0.0454) | — | — |
| policy*东北区 | — | — | — | — | 7794.2*** (2702.2) | 0.153* (0.0834) |
| policy*甘新区 | — | — | — | — | -932.8 (1975.1) | -0.0840 (0.0846) |
| policy*华南区 | — | — | — | — | 6276.0* (3226.5) | -0.361*** (0.0516) |
| policy*黄淮海区 | — | — | — | — | 2005.8 (2385.2) | -0.186*** (0.0604) |
| policy*黄土高原区 | — | — | — | — | -1786.4 (1984.1) | -0.0803 (0.0722) |
| policy*内蒙古及长城沿线区 | — | — | — | — | -4004.3 (3431.7) | 0.208* (0.123) |
| policy*青藏高原区 | — | — | — | — | -6367.0*** (1758.3) | -0.0705 (0.155) |

续表

| | (1) | (2) | (3) | (4) | (5) | (6) |
|---|---|---|---|---|---|---|
| policy * 西南区 | — | — | — | — | 2829.4<br>(2213.3) | -0.310***<br>(0.0494) |
| $R^2$ | 0.128 | 0.332 | 0.128 | 0.332 | 0.132 | 0.347 |
| Ll | -238 653.7 | -7256.3 | -238 663.2 | -7257.2 | -238 613.6 | -7017.3 |
| N | 21 682 | 21 386 | 21 682 | 21 386 | 21 682 | 21 386 |

注：采用基于核匹配权重的双重差分法；对于第1—2列，粮食生产大县为基准组；对于第3—4列，平原为基准组；对于第5—6列，长江中下游区为基准组。控制了时间、个体固定效应；括号中为稳健标准误；***、**和*分别表示在1%、5%和10%的水平上显著。

从细分地区来看，政策的作用效果在区域间存在多样化的差异。譬如，第5列、第6列的结果显示，相较于长江中下游地区，政策在东北地区的就业拉动能力与机械使用提升效果均显著高于前者，这是因为东北地区土壤肥沃，耕地比较平整，水土资源和生态环境都较好，更加适合大规模机械化作业；对于华南地区，政策的就业拉动能力要强于长江中下游地区，但政策的机械使用提升效果要低于长江中下游地区，这可能是因为华南地区以丘陵为主，山地多、耕地少，且人口密度较大，不太适合大规模机械化耕作，而更加适合精耕细作式的农业生产方式；对于黄淮海地区，政策的机械使用提升效果显著地低于长江中下游地区，这可能与该地区的农业生产方式有关，黄淮海地区是我国的传统农区，农业生产的精细化程度较高，这样的传统农业生产方式在短期内不太容易用机械来替代；相对而言，政策的就业拉动能力在青藏高原区要明显弱一些，这可能与该地区人口密度较小有关；政策的机械使用提升效果在西南地区也要显著弱一些，可能受到该地区的地形限制，不利于农业机械的大规模使用。

## 7.6 本章结论

本章收集了 2005—2010 年实施的“国家科技富民强县专项行动计划”项目，并将其与县级经济发展数据匹配，构造了 2000—2010 年的县级面板数据，考察了以国家科技富民强县政策为代表的农业技术推广政策与农村就业、农业生产方式转变的因果关系。

本章得到如下结论：第一，从全国总体来看，国家科技富民强县政策并没有显著地拉动农村就业；第二，从全国总体来看，国家科技富民强县政策能够显著地推动农业生产中的人均农业机械动力使用量；第三，国家科技富民强县政策对农村就业及人均农业机械动力使用量的上述影响在各种稳健性检验中均成立；第四，国家科技富民强县政策对农村就业与人均农业机械动力使用量的影响依各地的主产农作物特征、各地的地形特征及地理位置特征不同而存在差异。相较整体而言，国家科技富民强县政策在粮食生产大县同时体现了较强的农村就业与农业机械使用拉动能力，而山区的地理特征在一定程度上限制了农业机械的使用；政策的作用效果在不同的经济地理区域间体现了更多的差异性。

本章的政策启示在于：首先，由于农业科技的推广在整体上具有节约劳动倾向，国家科技富民强县政策等农业科技推广政策对农村就业的拉动能力可能会受技术的“劳动节约型”特点的限制。尽管本研究并未发现国家科技富民强县政策会显著地替代农村就业，但我国是一个农业人口数量庞大的农业大国，因此，在制定农业技术推广政策时，需要高度关注农村就业的问题。其次，国家科技富民强县政策能够显著地提高人均农业机械动力使用量，表明该政策是深化资本、推广技术、提高农业科技含量的一种有效途径。

# 第8章

# 结　论

## 8.1 主要结论及政策启示

### 8.1.1 本研究的主要结论

本研究以农业技术变迁为中介变量，考察农业科技体制变迁对农业发展的影响及作用渠道。研究表明，以农业科研院所转制、国家科技富民强县政策为代表的农业科技体制改革，促进了农业的技术变迁，进而通过推动农业 TFP 增长、促进农业资本深化等方式对农业发展产生深刻影响。本研究相关章节的研究结论为政府推动农业科技体制的进一步改革以及制定有利于农业发展的科技计划和政策提供了理论和经验上的证据。具体而言，本研究得到的主要结论如下。

第一，在对我国农业科技体制的历史演进进行梳理时，本研究发现农业科技体制改革步伐是紧跟我国科技体制改革步伐的。同时，由于农业具有其自身的特殊性，农业科技体制的改革具有更加明显的强制性制度变迁的特征，改革的顺利推进更加依赖于政府的合理引导和政策支持。本研究利用需求—供给框架分析了我国农业科技体制改革的内在驱动力量；基于强大的诱致性制度变迁需求及自发性制度供给不足的现实状况，笔者认为，目前以及在可以预见的未来，农业科技体制改革会一直具有鲜明的强制性制度变迁特征。

第二，本研究以农业专利作为衡量我国农业技术创新的重要指标，并对我国农业专利的基本特征进行了系统刻画。参照既有文献的做法，笔者从国家知识产权局的微观专利数据中系统地提取了我国1985—2009年的发明专利，得到既有文献中极少采用的专利引用数据，在这一基础上进行深入分析。研究表明，我国农业专利的申请数量存在逐年递增趋势，且国内申请者为农业专利申请的主力军。

同时，我国农业专利在质量方面具有以下特征：其一，中国大陆专利申请者的专利授权率在2007年后初步实现了对其他国家及地区申请者的赶超；其二，农业科研院所及高校的专利授权率在绝大部分年份高于其他申请主体。值得一提的是，基于专利前向引用数据的分析表明，中国大陆申请主体的专利被引水平要低于其他国家及地区申请主体，但这种差距在近年来具有缩小趋势；相对于农业科研院所及高校，企业申请的专利被引次数相对更高。这在很大程度上表明，我国企业的专利质量整体上呈现上升趋势。

第三，基于农业科研院所分类改革作用效果的案例分析表明，转化为非营利性科研机构的农业科研院所由于转制后获得了更多的财政资金支持，在农业技术创新方面表现出良好的发展势头。分类改革的主要问题集中于农业科研院所的企业化转制方面：其一，转企农业科研院所事业性科技经费及其事业编制人员减少；其二，尽管国家为转企农业科研院所提供了一系列的优惠条件，但这些优惠条件的落实程度有限；其三，由于初始的定位不清楚，一些转企农业科研院所在转制前也从事了一些公益类、产业共性技术的研究，这些转企农业科研院所在转企后放弃了之前的公益类、产业共性技术研究，使该类研究出现了空缺，导致“过度企业化”。

对农业科研院所转制影响农业技术创新的实证分析表明，农业科研院所转制在整体上推动了农业专利的申请量和授权量的增加，尤其体现为具有较高质量的发明专利数量的增加，这表明农业科研院所转制从整体上能够提高农业技术创新的质量水平。

第四，本研究用农业 TFP 增长来表示由技术进步和技术效率提升带来的农业产出效率的增长，并估算了 1979—2013 年各省份层面的农业 TFP 增长率。结果显示，全国农业 TFP 的（几何）平均增长率为 3.3%。农业 TFP 的这种增长主要是被技术进步推动，而非技术效率的提升。从总体上看，不同省份的农业 TFP 增长率存在差异，一些农业 TFP 增长较快的省份，其农业 TFP 的增长主要是由技术进步来推动的；而农业 TFP 增长缓慢的地区，其短板往往在于技术效率的提升不够，有的甚至出现了下降。通过进一步考察以农业专利刻画的农业技术创新对农业 TFP 增长的影响，笔者发现，农业实用新型专利申请数对农业 TFP 增长具有显著的推动作用；而农业发明专利申请数对农业 TFP 增长的促进作用并不显著。

对农业 TFP 分解因素的分析表明，以农业专利申请数、授权数刻画的农业技术创新主要通过影响技术的使用效率来影响农业 TFP 的动态演变。基于时间与空间维度的异质性分析表明，农业技术创新对农业 TFP 增长、农业技术效率提升的促进作用主要体现在 2005—2013 年，并且这种促进作用在农业大省表现得更为明显。这表明：其一，2005 年后，国家农业科技创新体系的建立在推动农业技术创新与技术推广方面开始初见成效，随着农业科技体制改革的进一步深化，农业技术创新和技术推广对农业发展的重要作用将会日益彰显；其二，在农业大省，巨大的农业技术需求市场能够强化农业技术创新对农业 TFP 增长的推动作用。因此，建立覆盖全国的农业技术交易市场，促进优质农业技术在全国的使用及推广，将有利于推动农业 TFP 的长期增长。

第五，本研究以国家科技富民强县政策为例，考察了旨在促进技术扩散的农业技术推广政策对农业发展的影响。研究表明，该政策能够显著地推动农业生产中的人均农业机械动力使用量，但没有显著地拉动农村就业。同时，该政策对农村就业与人均农业机械动力使用量的影响依各地的主产农作物特征、各地的地形特征及地理位置特征不同而存在差异。相较而言，国家科技富民强县政策在粮食生产大县同时体现了较强的农村就业与机械使用拉动能力，而山区的地理特征在一定程度上限制了农业机械的使用。

### 8.1.2 本研究的政策启示

第一，本研究尝试从理论和实证层面系统地评估农业科技体制改革的经济绩效。随着国家越发重视政策制定的科学性，对以农业科技体制改革为代表的各类体制改革进行有效的政策评估将有利于对顶层设计进行客观评价，并为出台更合理的后续改革政策提供借鉴。本研究以农业技术变迁为中介变量，旨在考察农业科技体制改革影响农业发展的作用效果，一方面有利于探寻农业科技体制改革影响农业发展的机制、路径，另一方面有利于对农业科技体制改革的动态效果评估提供分析框架。譬如，如果本研究发现农业科技体制改革没有带动农业发展，可以进一步探寻是哪个环节出了问题，是没有促进农业技术变迁，还是农业技术变迁没有对农业发展绩效产生影响。找到机制受阻的环节，将有利于对政策进行及时调整。

第二，需要密切关注农业科研体制改革影响农业发展的作用机制是否畅通。本研究发现，农业科研院所转制对农业发明专利具有显著影响，而农业发明专利并未体现出对农业 TFP 的显著促进作用；但以实用新型为代表的农业专利与农业 TFP 增长之间具有显著正相关性。这表明，农业科研体制改革通过农业技术创新对农业 TFP 增长产生的积极影响还未得到充分释放，农业科研体制改革影响农业发展的渠道并不畅通；以发明专利为代表的高质量技术创新产出还没有发挥出强劲的创新驱动作用，因而，需要政府在制定农业技术推广政策时进一步推动农业发明专利的产业化进程，将高质量的研发成果转化为现实的生产力。

第三，需要高度关注技术推广政策可能对农村就业带来的负面冲击。本研究基于国家科技富民强县政策的实证分析表明，该政策有利于提高农业生产中的人均机械动力使用量，表明该政策是深化资本、推广技术、提高农业科技含量的一种有效途径，但是，该政策并没有显著地促进农村就业。这一结论的政策启示在于，由于农业科技的推广在整体上具有节约劳动的倾向，国家科技富民强县政策等农业科技推广政策对农村就业的拉动能力可能会受技术的“劳动节约型”特点的限制。尽管本研究并未发现国家科技富民强县政策会显著地替代农村就业，但我国是一个农业人口数量庞大的农业大国，因此，在制定农业技术推广政策时，需要高度关注农村就业问题。

## 8.2 不足及研究展望

本研究在以下方面存在不足：

第一，本研究旨在建立农业科技体制改革、农业技术变迁与农业发展的内在关联，但对每一个单独部分，如农业科技体制改革的论述可能不够深入，且在论述两两之间关联的时候，也无法穷尽所有的机制。在后续研究中，笔者将进一步深入探寻农业科技体制改革影响农业发展的其他可能的中间作用机制。

第二，由于农业科技体制改革较难量化，且在农业技术创新数据的获取方面存在一定困难，在考察农业科研体制改革对农业技术创新的影响以及农业专利对农业 TFP 增长的影响时，本研究使用的双向固定效应模型虽然在一定程度上能够降低农业科研体制改革与农业技术创新的内生性，但由于没有找到合适的工具变量，并不能完全排除内生性对模型估算的影响。

第三，本研究虽然提出了中介效应作用机制的分析框架，但受限于数据，在检验农业科研体制改革对农业 TFP 增长的影响时，不能严格按照该方法来精确地识别农业技术创新是具有完全中介效应还是部分中介效应；在检验农业技术推广体制改革对农业现代化的影响时也无法完全依循中介效应作用机制的分析框架。克服这些问题也将构成笔者后续研究的重要内容。

# 参考文献

[1] 陈超，张蕾．中国农业专利保护及发展的探索［J］. 电子知识产权，2008（3）：29-32.

[2] 大卫·李嘉图. 政治经济学及赋税原理［M］. 郭大力，王亚南，译. 北京：商务印书馆，2021.

[3] 道格拉斯·C. 诺思．制度、制度变迁与经济绩效［M］杭行，译. 上海：格致出版社，2008.

[4] 樊胜根，钱克明．农业科研与贫困［M］. 北京：中国农业出版社，2005.

[5] 傅新红，李君，许蕾．农业科技特派员继续从事特派员工作意愿的影响因素分析：基于四川省 254 名农业科技特派员的调查［J］. 中国农村经济，2010（6）：58-66.

[6] 顾焕章，王培志．农业技术进步对农业经济增长贡献的定量研究［J］. 农业技术经济，1994（5）：11-15.

[7] 胡必亮．发展理论与中国［M］. 北京：人民出版社，1998.

[8] 胡必亮．中国的跨越式发展战略［M］. 太原：山西经济出版社，2003.

[9] 胡瑞法，黄季焜，卡尔·普雷，斯高特·罗赛尔．中国农业科研体制与政策问题的调查与思考［J］. 管理世界，1996（3）：167-183.

[10] 胡瑞法，黄季焜，罗斯高．科研体制改革的再思考：市场经济条件下农业科研人员的科研行为分析［J］. 中国农村观察，1999（6）：1-10.

[11] 黄季焜，胡瑞法，Scott Rozelle. 中国农业科研投资：挑战与展望［M］. 北京：中国财政经济出版社，2003.

[12] 黄季焜，胡瑞法，智华勇．基层农业技术推广体系 30 年发展与改革：政策评估和建议 [J]. 农业技术经济，2009 (1)：4-11.

[13] 黄季焜，胡瑞法．农业科技投资体制与模式：现状及国际比较 [J]. 管理世界，2000 (3)：170-179.

[14] 黄季焜，胡瑞法．政府是农业科技投资的主体 [J]. 中国科技论坛，2000 (4)：59-62.

[15] 黄少安，孙圣明，宫明波．中国土地产权制度对农业经济增长的影响：对 1949—1978 年中国大陆农业生产效率的实证分析 [J]. 中国社会科学，2005 (3)：38-47.

[16] 蒋仁爱，高昌林，成邦文. 中国研究机构的改制效果评价研究 [J]. 统计研究，2012 (6)：68-75.

[17] 亢海燕，刘淑玲．地方科研院所转制后发展问题探讨 [J]. 河北师范大学学报（哲学社会科学版），2006 (5)：23-26.

[18] 孔祥智，楼栋．农业技术推广的国际比较、时态举证与中国对策 [J]. 改革，2012 (1)：12-23.

[19] 李保红．ICT 创新经济学 [M]. 北京：北京邮电大学出版社，2010.

[20] 李谷成．中国农村经济制度变迁、农业生产绩效与动态演进：基于 1978—2005 年省际面板数据的 DEA 实证 [J]. 制度经济学研究，2009 (3)：20-54.

[21] 李纪珍，王倩．科研院所转制改革与产业共性技术发展：以纺织产业为例 [J]. 创新与创业管理，2013 (1)：48-63.

[22] 李锐，赵建梅．我国农业科研投资问题初探 [J]. 农业技术经济，1997 (4)：20-22.

[23] 李友军、李雪桃．南斯拉夫农业科研院所转制的经验与启示 [J]. 河南科技大学学报（农学版），2003 (4)：58-61.

[24] 李志军．对开发类科研院所转制后的调研及建议：对湖北省科研院所转制情况的调研报告 [J]. 航天工业管理，2005 (2)：36-40.

[25] 林涛，李子彪，刘坛波，等．县域特色产业创新过程情景分析：以国家“科技富民强县专项行动计划”试点县（市）为例 [J]. 中国科技论坛，2009 (6)：120-124.

[26] 林涛，张爱国，王强，等．科技富民强县专项行动计划试点工作现状分析 [J]. 中国科技论坛，2008 (12)：95-98.

[27] 刘文梅，陈曦，陈景顺．解决农业科研院所改革遗留问题的实践与思考 [J]. 农业科

技管理，2014（1）：15-17，38.
［28］柳卸林．技术创新经济学（第2版）［M］．北京：清华大学出版社，2014.
［29］罗仕漳．地方应用型科研院所转制后防止过度市场化研究［J］．中国科技论坛，2010（2）：72-76.
［30］卡尔·马克思．资本论［M］．郭大力，王亚南，译．上海：上海三联书店，2009.
［31］马兆．我国农业专利申请的影响因素研究［D］．南京农业大学硕士学位论文，2009.
［32］牛若峰．中国农业科研体制与政策研究．中国农科院科研体制与政策课题报告（内部资料），1994.
［33］农业部农村经济研究中心课题组．我国农业技术推广体系调查与改革思路［J］．中国农村经济，2005（2）：46-54.
［34］钱克明．农业研究的作用与研究资源配置的效率及研究资源分配决策支持系统：江苏实证分析［D］．中国农业科学院博士学位论文，1996.
［35］乔榛，焦方义，李楠．中国农村经济制度变迁与农业增长——对1978—2004年中国农业增长的实证分析［J］．经济研究，2006（7）：73-82.
［36］秦雪征，尹志锋，周建波等．国家科技计划与中小型企业创新：基于匹配模型的分析［J］．管理世界，2012（4）：70-81.
［37］史晋川，沈国兵．论制度变迁理论与制度变迁方式划分标准［J］．经济学家，2002（1）：41-46.
［38］史宇鹏，顾全林．知识产权保护、异质性企业与创新：来自中国制造业的证据［J］．金融研究，2013（8）：136-149.
［39］世界银行．2008年世界发展报告：以农业促发展［M］．胡光宇、赵冰译，．北京：清华大学出版社，2008.
［40］汤世国．中国的国家创新体系变革与前景［J］．国立观察，1993（1）：33-35.
［41］汤蕴懿．在“营利”和“公益”之间——深化应用型科研院所转制路径再思考［J］．上海经济研究，2010（10）：74-80.
［42］文丽．新农村建设中农业技术推广体制研究［D］．湘潭大学硕士论文，2012.
［43］吴寿仁．转制科研院所如何进一步改革和发展？——对上海市《关于进一步加快转制科研院所改革和发展的指导意见》文件精神的解读［J］．华东科技，2010

(3)：23-26.

[44] 夏贤格．农业科研院所单位分类改革与政策建议探析［J］. 湖北农业科学，2014（4）：946-949.

[45] 肖广岭．集成相关资源培育特色产业——科技富民强县专项行动计划的主要特色与机制［J］. 中国农村科技，2008（4）：69-72.

[46] 辛贤．我国农业科研机构企业化转制研究［R］. 中国农业科学院博士后研究报告，2007.

[47] 信乃诠，许世卫．国外农业科研体制的类型及其基本特征——加快国家农业科研创新体系建设的建议［J］. 世界农业，2006（9）：17-20.

[48] 约瑟夫·熊彼特．经济发展理论［M］. 何畏，易家详，等译. 北京：商务印书馆，1990.

[49] 徐冠华．关于科研院所企业化转制的几个问题［J］. 中国软科学，1990（7）：1-5.

[50] 徐宁．我国科研院所产业化模式类型探讨［J］. 中国科技产业，2008（4）：86-89.

[51] 许奇峰，张雨．国家科技富民强县专项行动计划对县域经济发展的影响研究［J］. 陕西农业科学，2010（5）：147-150.

[52] 亚当·斯密．国富论［M］. 章莉，译．北京：译林出版社，2012.

[53] 姚洋，章奇．中国工业企业技术效率分析［J］. 经济研究，2001（10）：13-19.

[54] 尹志锋，叶静怡，黄阳华等．知识产权保护与企业创新——传导机制及其检验［J］. 世界经济，2013（12）：111-129.

[55] 岳冬冬，王征兵．农业专利产业化现状、制约因素及对策［J］. 中国农学通报，2007（4）：502-504.

[56] 曾福生，匡远配．论深化科技体制改革促进农业技术进步［J］. 湖南社会科学，2002（2）：77-78.

[57] 张蕾，陈超，赵艳艳．我国农业专利申请的影响因素分析［J］. 科学管理研究，2009（1）：187-190.

[58] 张银定．我国农业科研体系的制度变迁与科研体制改革的绩效评价研究［D］. 中国农业科学院博士学位论文，2006.

[59] 赵艳艳．农业专利事业发展研究——美国农业专利政策对我国的启示［J］. 生产力研究，2009（14）：116-118.

[60] 赵芝俊，袁开智．中国农业技术进步贡献率测算及分解：1985—2005［J］．农业经济问题，2009（3）：28-36.

[61] 赵芝俊，张社梅．略论农业科研投资的合理界定问题［J］．中国科技论坛，2005（4）：110-114.

[62] 周国英，张光阳．农业科研院所转制解析［J］．农业科研经济管理，1999（4）：7-10.

[63] 周晓唯，赵轩轩．我国农业专利发展落后的原因及对策分析［J］．西安电子科技大学学报（社会科学版），2008（4）：96-100.

[64] 周志华，刘汉富，雷志强，吴大华．广西技术开发类科研院所转制后发展问题研究报告［J］．经济与社会发展，2009（6）：29-46.

[65] 朱平芳，徐伟民．政府的科技激励政策对大中型工业企业 R&D 投入及其专利产出的影响——上海市的实证研究［J］．经济研究，2003（6）：45-53.

[66] 朱希刚．市场化与我国农业科研体制改革［J］．农业经济问题，1994（2）：50-54.

[67] 朱希刚．我国农业科技进步贡献率测算方法［M］．北京：中国农业出版社，1997.

[68] 朱希刚．我国“九五”时期农业科技进步贡献率的测算［J］．农业经济问题，2002（5）：12-13.

[69] Abdulai A. and Huffman W. E.,（2005）, The diffusion of new agricultural technologies: The Case of Crossbred-Cow Technology in Tanzania. American Journal of Agricultural Economics, 87（3）, 645-659.

[70] Ahmad S.,（1966）, On the theory of induced invention. The Economic Journal, 76（302）, 344-357.

[71] Alston J. M. and Pardey P. G.,（2001）, Attribution and related problems in assessing the returns to agricultural R&D. Agricultural Economics, 25（2-3）, 141-152.

[72] Alston J. M., Pardey P. G. and Roseboom J.,（1998）, Financing agricultural research: international investment patterns and policy perspectives. World Development, 26（6）, 1057-1071.

[73] Baron R. M. and Kenny D. A.,（1986）, The Moderator-Mediator variable distinction

in social psychological research: Conceptual, Strategic, and Statistical Considerations. Journal of Personality and Social Psychology, 51 (6), 1173-1182.

[74] Binswanger H. P., (1974a), The measurement of technical change biases with many factors of production. The American Economic Review, 64 (6), 964-976.

[75] Binswanger H. P., (1974b), A microeconomic approach to induced innovation. The Economic Journal, 84 (336), 940-958.

[76] Binswanger H. P., (1978), The microeconomics of induced technical change. Baltimore: The Johns Hopkins University Press, 91-127.

[77] Blundell R., Meghir C., Dias C. M. and Reenen J. V., (2004), Evaluating the employment impact of a mandatory job search program. Journal of European Economic Association, 2 (4), 569-606.

[78] Caves D. W., Christensen L. R., Diewert W. E., (1982), The Economic Theory of Index Numbers and The Measurement of Input, Output, and Productivity. Econometrica, 50 (6), 1393-1414.

[79] Chapman R. And Tripp R., (2003), changing incentives for agricultural extension-A review of privatized extension in practice, Agricultural Research and Extension Network, Network Paper No. 132.

[80] Coase R. H., (1937), The nature of the firm. Economica, 4 (16), 386-405.

[81] Conley T. and Udry C., (2001), Social learning through Networks: The adoption of new agricultural technologies in Ghana. American Journal of Agricultural Economics, 83 (3), 668-673.

[82] Denison E. And Chung W., (1976), How japan's economy grew so fast: the sources of postwar expansion. Brookings Institute, Washington D. C., 42-43.

[83] Dinar A., (1996), Extension Commercialization: How much to charge for extension services. American Journal of Agricultural Economics, 78 (1), 1-12.

[84] Dosig. And Nelson R., (2010), Technical change and industrial dynamics as evolutionary processes. Hall B. H., Rosenberg N., Handbook of the Economics of Innovation, Volume 1, 51-127.

[85] Evenson R., (1974), International diffusion of agrarian technology. The Journal of E-

conomic History, 34 (1), 51-73.

[86] Evenson R., (1980), A century of agricultural research and productivity change research, invention, extension and productivity change in U. S. Agriculture: An Historical Decomposition Analysis. Araji A. A., Research and Extension in Agriculture. Moscow: Dept. of Economics, University of Idaho, 146-228.

[87] Fagerberg j., (1988), Why growth rates differ? in dosi et al. (Ed.). Technical Change and Economics Theory. London: Pinter Publishers.

[88] Fan S. G. and Pardey P., (1997), research, productivity, and output growth in chinese Agriculture, Journal of Development Economics, 53 (1), 115-137.

[89] Fare R., Grosskopf s., Lovell C. A. K., (1994), Production frontiers. Cambridge: Cambridge University Press.

[90] Farrell M. J., (1957), The measurement of production efficiency. Journal of Royal Statistical Society, Series A, General, 120, 253-281.

[91] Feder G. and Slade R., (1984), The acquisition of information and the adoption of technology. American Journal of Agricultural Economics, 66, 312-320.

[92] Frame J., (1991), Modeling national technological capacity with patent indicators. Scientometrics, 22 (3), 327-339.

[93] Fu A. Z., Dow W. H., and Liu G. G., (2007), Propensity score and difference-in-difference methods: a study of second-generation antidepressant Use in patients with bipolar disorder. Health Services and Outcomes Research Methodology, 7 (1-2), 23-38.

[94] Fuglie K. O. and Kascak C. A., (2001), Adoption and diffusion of Natural-Resource-conserving agricultural technology. Applied Economic Perspectives and Policy, 23 (2), 386-403.

[95] Girma S. and GöRg H., (2007), Evaluating the foreign ownership wage premium using a Difference-in-Differences matching approach. Journal of International Economics, 72, 97-112.

[96] Goletti F., Pinners E., Purcell T. and Smith D., (2007), Integrating and institutionalizing lessons learned: reorganizing agricultural research and extension. Journal of Agri-

cultural Education and Extension, 13 (3), 227-244.

[97] Griliches Z., (1957), Hybrid Corn: An exploration in the economics of technological change. Econometrica, 25 (4), 501-522.

[98] Griliches Z., (1963), The source of measured productivity growth: united states agriculture. Journal of Political Economy, 71 (4), 331-346.

[99] Griliches Z., (1979), Issues in assessing the contribution of research and development to productivity growth. The Bell Journal of Economics, 10 (1), 92-116.

[100] Griliches Z., (1990), Patent statistics as economic indicators: A survey. journal of economic literature, 28 (4), 1661-1707.

[101] Hall B. H. and Rosenberg N., (2010), Introduction to thehandbook. Handbook of the Economics of Innovation, North-Holland, 1, 3-9.

[102] Hall B. H., Lotti F. and Mairesse J., (2008), Employment, innovation, and productivity: Evidence from italian Micro-data. Industrial and Corporate Change, 17 (4), 813-839.

[103] Harrison R., Jaumandreu J., Mairesse J et al., (2008), Does innovation stimulate employment? A firm-level analysis using comparable micro-data from four european countries. NBER Working Paper, No. 14216.

[104] hayami Y. and Ruttan V. W., (1970a), Agricultural productivity differences among countries. The American Economic Review, 60 (5), 895-911.

[105] Hayami Y. and Ruttan V. W., (1970b), Factor prices and technical change in agricultural development: The United States and Japan, 1880-1960. Journal of Political Economy, 78 (5), 1115-1141.

[106] Heckman J. J., Ichimura H. and Todd P. E., (1997), Matching as an econometric evaluation estimator: evidence from evaluating a Job training programme. Review of Economic Studies, 64, 605-654.

[107] Hicks J. R., (1963), The theory of wages. London: Macmillan.

[108] Huffman W. E. and Evenson R. E., (1993), Science for agriculture: A Long-Term perspective. Ames, IA: Iowa State University Press.

[109] Jin S. Q., Huang J. K., HU R. F. and Rozelle S., (2002), The creation and spread of technology and total factor productivity in China's agriculture. American Journal of

Agricultural Economics, 84 (4), 916-930.

[110] Just R. E. and Huffman W. E., (1992), Economic principles and incentives: Structure, management, and funding of agricultural in the united states. American Journal of Agricultural Economics, 74 (5), 1101-1108.

[111] Lei Z., Sun Z. and Wright B., (2014), Decipher the chinese patenting: Evidence from China's patent applications, Working paper, U. C. Berkerly.

[112] Li X. B., (2012), Behind the recent surge of chinese patenting: An institutional view. research policy, 41 (1), 236-249.

[113] Lin Justin Y. F., (1987), The household responsibility system reform in China: A peasant's institutional choice. American Journal of Agricultural Economics, 69 (2), 410-415.

[114] Lin Justin Y. F., (1989), An economic theory of institutional change: Induced and imposed change. Cato Journal, 9 (1), 1-33.

[115] Lin Justin Y. F., (1990), Collectivization and China's agricultural crisis in 1959-1961. Journal of Political Economy, 98 (6), 1228-1252.

[116] Lin Justin Y. F., (1991), Educationand innovation adoption in agriculture: Evidence from hybrid rice in China. American Journal of Agricultural Economics, 73 (3), 713-723.

[117] Lin Justin Y. F., (1992a), Rural reforms and agricultural growth in China. The American Economic Review, 82 (1), 34-51.

[118] Lin Justin Y. F., (1992b), Hybrid rice innovation in China: A study of market-demand induced technological innovation in a Centrally-Planned economy. The Review of Economics and Statistics, 74 (1), 14-20.

[119] Liu L., Cao C. and Song M., (2014), China's agricultural patents: How has their value changed amid recent patent boom? Technological Forecasting & Social Change, 88, 106-121.

[120] Mc Millan J., Whalley J. and Zhu L., (1989), The impact of China's economic reforms on agricultural productivity growth. Journal of Political Economy, 97 (4), 781-807.

[121] Nagaoka S., Motohashi K. and Goto A., (2010), Patent statistics as an innovation indicator, Handbook of economics of innovation. North-Holland, 2, 1083-1127.

[122] Olmstead A. L. And Rhode P. W. , (2001), Reshaping the landscape: The impact and diffusion of the tractor in American agriculture, 1910-1960. The Journal of Economic History, 61 (3), 663-698.

[123] Pardey P. G. , Alston J. M. and RUTTAN V. W. , (2010), The Economics of innovation and technical change in agriculture. HALL B. H. , ROSENBERG N. , Handbook of the Economics of Innovation, Volume 2, 939-984.

[124] Pavitt K. , (1985), Patent statistics as indicators of innovation activities: Possibility and problems. Scientometrics, 7 (1-2), 77-99.

[125] Pufahl A. and Weiss C. R. , (2009), Evaluating the effects of farm programmes: Results from propensity score matching. European Review of Agricultural Economics, 36, 79-101.

[126] Rogers E. M. , (1983), Diffution of innovation. New York: The Free Press.

[127] Ruttan V. W. and Hayami Y. , (1984), Toward a theory of inducedinstitutional innovation. Journal of Development Studies, 20 (4) .

[128] Ruttan V. W. , (2006), Social science knowledge and induced institutional innovation: An institutional design perspective. Journal of Institutional Economics, 2 (3), 249-272.

[129] Scherer F. M. , (1984), Using linked patent and R&D data to measure interindustry technology flows. In Griliches Z. (Ed.), R&D, Patent and Productivity. Chicago: The University of Chicago Press.

[130] Schmookler J. , (1966), Invention and economic growth. Cambridge: Harvard University Press.

[131] Schultz T. W. , (1964), Transforming traditional agriculture. New Haven: Yale University Press.

[132] Shampine A. , (1998), A Compensating for information externalities in technology diffusion models. American Journal of Agricultural Economics, 82 (2), 337-346.

[133] Smith J. A. and Todd P. E. , 2005. Does matching overcome lalonde's critique of nonexperimental estimators? Journal of Econometrics, 125, 305-353.

[134] Soete L. G. and Wyatt S. M. E. , 1983. The Use of foreign patenting as an internationally comparable science and technology output Indicator. Scientometrics, 5 (1), 31-54.

[135] Solow R. M. , (1956), A contribution to the theory of economic growth. Quarterly Journal of Economics, 70 (1), 65-94.

[136] Solow R. M. , (1957), Technical change and the aggregate production function. Review of Economics and Statistics, 39, 312-320.

[137] Stokes D. , (1997), Pasteur's quadrant: Basic science and technological innovation. Washington, D. C. : The Brookings Institution Press.

[138] Swan G. M. P. , (2009), The economics of innovation: An introduction. EdwardElgar Publishing Limited.

[139] Useche P. , Barham B. L. and Foltz J. D. , (2009), Integrating technology traits and producer heterogeneity: A Mixed-Multinomial model of genetically modified corn production adoption. American Journal of Agricultural Economics, 91 (2), 444-461.

[140] Veblen T. , (1921), The engineers and the price system. Access & Download Statistics.

[141] Wen G. Z. , (1989), The current land tenure and its impact on long term performance of the farming sector: The case of modern china. Ph. D. Dissertation, University of Chicago.

[142] White F. C. and Havlicek, (1982), Optimal expenditures for agricultural research and extension: Implications for underfunding. American Journal of Agricultural Economics, 64, 47-55.

[143] Wright B. D. , (2007), Agricultural innovation after the diffusion of intellectual property protection. Wallingford, UK: CABI International.

[144] Yao S. J. , LIU Z. N. and Zhang Z. Y. , (2001), Spatial differences of grain production efficiency in China, 1987—1992. Economic Change and Restructuring, 34 (1-2), 139-157.

[145] Zon A. V. , (1991), Vintage capital and the measurement of technological progress. In OECD, Technology and Productivity, Paris: 171-185.

# 附　录

## 附录 1　农业专利 IPC 分类号及其技术领域

**附表 1　农业专利 IPC 分类号及其技术领域**

| 主分类号 | 技术领域 |
| --- | --- |
| A01B | 农业或林业的整地；一般农业机械或农具的部件、零件或附件 |
| A01C | 种植；播种；施肥 |
| A01D | 收获；割草 |
| A01F | 脱粒；禾秆、干草或类似物的打捆；将禾秆或干草形成捆或打捆的固定装置或手动工具；干草、禾秆或类似物的切碎；农业或园艺产品的储藏 |
| A01G | 园艺；蔬菜、花卉、稻、果树、葡萄、啤酒花或海菜的栽培；林业；浇水 |
| A01H | 新植物或获得新植物的方法；通过组织培养技术的植物再生 |
| A01J | 乳制品的加工 |
| A01K | 畜牧业；禽类、鱼类、昆虫的管理；捕鱼；饲养或养殖其他类不包含的动物；动物的新品种 |
| A01L | 动物钉蹄铁 |
| A01M | 动物的捕捉、诱捕或惊吓；消灭有害动物或有害植物用的装置 |

续表

| 主分类号 | 技术领域 |
| --- | --- |
| A01N | 人体、动植物体或其局部的保存；杀生剂，如作为消毒剂，作为农药或作为除草剂；害虫驱避剂或引诱剂；植物生长调节剂 |
| A22B | 屠宰 |
| A22C | 肉类、家禽或鱼的加工 |
| A23B | 保存，如用罐头贮存肉、鱼、蛋、水果、蔬菜、食用种籽；水果或蔬菜的化学催熟；保存、催熟或罐装产品 |
| A23C | 乳制品，如奶、黄油、干酪；奶或干酪的代用品；其制备 |
| A23D | 食用油或脂肪，如人造奶油、松酥油脂、烹饪用油 |
| A23F | 咖啡；茶；其代用品；它们的制造、配制或泡制 |
| A23G | 可可；可可制品，如巧克力；可可或可可制品的代用品；糖食；口香糖；冰淇淋；其制备 |
| A23J | 食用蛋白质组合物；食用蛋白质的加工；食用磷脂组合物 |
| A23L | 不包含在 A21D 或 A23B 至 A23J 小类中的食品、食料或非酒精饮料；它们的制备或处理，如烹调、营养品质的改进、物理处理 |
| A23N | 其他类不包含的处理大量收获的水果、蔬菜或花球茎的机械或装置；大量蔬菜或水果的去皮；制备牲畜饲料装置 |
| A23P | 未被其他单一小类所完全包含的食料成型或加工 |
| A24B | 吸烟或嚼烟的制造或制备；烟草；鼻烟 |
| B09C | 污染的土壤的再生 |
| A61D | 兽医用仪器、器械、工具或方法 |

注：国际专利分类表（2009.01 版）。

# 附录2　中央一级农业科研院所一览表

**附表2　中央一级农业科研院所一览表**

| 主管单位 | 农业科研院所 |
| --- | --- |
| 中国农业科学院 | 饲料研究所、作物科学研究所、植物保护研究所、蔬菜花卉研究所、农业环境与可持续发展研究所、柑橘研究所、北京畜牧兽医研究所、甜菜研究所、上海兽医研究所、郑州果树研究所、农业经济与发展研究所、农业资源与农业区划研究所、特产研究所、农业质量标准与检测技术研究所、蜜蜂研究所、食物与营养发展研究所、农田灌溉研究所、中国水稻研究所、棉花研究所、油料作物研究所、南京农业机械化研究所、果树研究所、茶叶研究所、哈尔滨兽医研究所、生物技术研究所、兰州畜牧与兽药研究所、草原研究所、环境保护科研监测所、沼气科学研究所、烟草研究所、蚕业研究所、水牛研究所、农产品加工研究所、草原生态研究所、家禽研究所、甘薯研究所、农业信息研究所、麻类研究所、兰州兽医研究所 |
| 中国热带农业科学院 | 农产品加工研究所、热带作物品种资源研究所、香料饮料研究所、南亚热带作物研究所、热带生物技术研究所、环境与植物保护研究所、椰子研究所、橡胶研究所、农业机械研究所、科技信息研究所 |
| | 分析测试中心 |
| | 海口实验站（香蕉研究中心）、湛江实验站、广州实验站 |
| 中国水产科学研究院 | 黄海水产研究所、东海水产研究所、南海水产研究所、黑龙江水产研究所、长江水产研究所、珠江水产研究所、淡水渔业研究中心、渔业机械仪器研究所、渔业工程研究所 |
| | 北戴河中心实验站、营口增殖实验站、长岛增殖实验站、下营增殖实验站 |

续表

| 主管单位 | 农业科研院所 |
| --- | --- |
| 中国水利水电科学研究院 | 水资源研究所、防洪抗旱减灾研究所、水环境研究所、水利研究所、岩土工程研究所、结构材料研究所（研）、泥沙研究所、水力学研究所、水利史研究所、牧区水利科学研究所、工程抗震研究中心、水电可持续发展研究中心 |
| | 遥感技术应用开发中心 |
| 南京水利科学研究院 | 水文水资源研究所、水工水力学研究所、河流海岸研究所、岩土工程研究所、材料结构研究所、大坝安全与管理研究所、农村电气化研究所、南京水利水文自动化研究所、生态环境研究中心、海洋资源利用研究中心 |
| | 农村水利科学研究推广中心 |
| 中国林业科学研究院 | 林业研究所、亚热带林业研究所、热带林业研究所、森林生态环境与保护研究所、资源信息研究所、资源昆虫研究所、林业科技信息研究所、木材工业研究所、林产化学工业研究所、国家林业局北京林业机械研究所、国家林业局哈尔滨林业机械研究所、林业新技术研究所、荒漠化研究所、湿地研究所、国家林业局盐碱地研究中心 |
| | 热带林业实验中心、亚热带林业实验中心、沙漠林业实验中心、华北林业实验中心 |
| | 国家林业局泡桐研究开发中心、国家林业局桉树研究开发中心、国家林业局竹子研究开发中心 |

资料来源：中国农业科学院、中国热带农业科学院中国水产研究院、中国水利水电科学研究院、南京水利科学研究院和中国林业科学研究院网站主页。

# 附录3　农业科研院所转制对农业发明专利的影响：稳健性检验

**附表3　农业科研院所转制对农业发明专利申请量的影响**

| | 无控制变量 | | | 控制时间趋势 | | | 控制各省农业人均收入 | | |
|---|---|---|---|---|---|---|---|---|---|
| | 发明专利 | 实用新型 | 外观设计 | 发明专利 | 实用新型 | 外观设计 | 发明专利 | 实用新型 | 外观设计 |
| 转制（是=1；否=0） | 1.662***<br>(0.0866) | 0.833***<br>(0.0848) | 1.714***<br>(0.114) | 0.213**<br>(0.0856) | -0.163**<br>(0.0636) | -0.299**<br>(0.126) | 0.319***<br>(0.0971) | -0.0273<br>(0.0751) | -0.239*<br>(0.128) |
| 年份 | — | — | — | 0.117***<br>(0.00640) | 0.0804***<br>(0.00654) | 0.163***<br>(0.0107) | 0.0703**<br>(0.0331) | 0.0190<br>(0.0248) | 0.137***<br>(0.0254) |
| 各省农业人均收入对数 | — | — | — | — | — | — | 0.695<br>(0.490) | 0.914**<br>(0.380) | 0.387<br>(0.455) |
| 常数项 | 3.844***<br>(0.0421) | 5.056***<br>(0.0411) | 3.718***<br>(0.0558) | -230.3***<br>(12.80) | -155.4***<br>(13.07) | -322.1***<br>(21.30) | -140.7**<br>(63.13) | -38.52<br>(47.30) | -271.9***<br>(48.01) |
| $R^2$ | 0.666 | 0.408 | 0.556 | 0.811 | 0.574 | 0.776 | 0.814 | 0.590 | 0.777 |
| 对数似然值 | -621.1 | -511.6 | -803.1 | -422.3 | -395.8 | -564.1 | -415.7 | -382.6 | -562.8 |
| 样本量 | 701 | 703 | 699 | 701 | 703 | 699 | 701 | 703 | 699 |

注：各类专利数均取对数。控制省份固定效应；括号内为稳健标准误；***、**和*分别表示在1%、5%和10%的水平上显著。

**附表 4　农业科研院所转制对农业专利申请量的影响：研发效率促进机制**

| | 转制*R&D 内部经费 | | | 转制*R&D 人年 | | |
|---|---|---|---|---|---|---|
| | 发明专利 | 实用新型 | 外观设计 | 发明专利 | 实用新型 | 外观设计 |
| 转制*R&D 内部经费对数 | 0.242***<br>(0.0645) | 0.145**<br>(0.0658) | 0.243**<br>(0.103) | — | — | — |
| 转制*R&D 人年对数 | — | — | — | 0.204***<br>(0.0635) | 0.125*<br>(0.0635) | 0.228**<br>(0.111) |
| 常数项 | -205.8***<br>(71.38) | -108.7<br>(71.71) | -102.0<br>(123.3) | -179.6***<br>(53.10) | -30.30<br>(47.35) | -95.39<br>(86.81) |
| $R^2$ | 0.892 | 0.813 | 0.573 | 0.896 | 0.835 | 0.579 |
| 对数似然值 | -106.5 | -69.68 | -338.0 | -97.23 | -40.84 | -334.8 |
| 样本量 | 465 | 465 | 465 | 465 | 465 | 465 |

注：各类专利数均取对数；控制了转制、研发投入水平（前 3 列为 R&D 内部经费对数、后 3 列为 R&D 人年对数）、年份、各省农业人均收入对数变量及省份固定效应；括号内为稳健标准误；***、**和*分别表示在 1%、5%和 10%的水平上显著。

**附表 5　农业科研院所转制对农业专利申请量的影响：各省农业科研院所规模经济机制**

| | 发明专利 | 实用新型 | 外观设计 |
|---|---|---|---|
| 转制*农业科研院所大规模省份 | 0.356**<br>(0.162) | 0.209<br>(0.172) | 0.0366<br>(0.230) |
| 常数项 | -129.7**<br>(59.14) | -33.55<br>(46.77) | -270.5***<br>(50.59) |
| $R^2$ | 0.822 | 0.596 | 0.777 |
| 对数似然值 | -401.0 | -377.1 | -562.7 |
| 样本量 | 701 | 703 | 699 |

注：各类专利数均取对数；控制了转制、年份、各省农业人均收入对数变量及省份固定效应；括号内为稳健标准误；***、**和*分别表示在 1%、5%和 10%的水平上显著。

# 附录4 农业技术创新对农业 TFP 的影响：稳健性检验

作为稳健性检验，本节使用农业研发人员投入对数（lrdrn）、农业研发经费内部支出对数（lrdnb）来衡量农业技术创新投入，用各类农业专利授权数（gra_tot 表示总的农业专利，gra_inv 表示农业发明专利，gra_uti 表示农业实用新型专利）来刻画农业技术创新产出，将农业 TFP 增长率对它们分别进行回归，回归结果见附表 6、附表 7、附表 8。

**附表 6 农业技术创新对农业 TFP 增长率的影响**

| | 被解释变量：农业 TFP 增长率 | | | | |
|---|---|---|---|---|---|
| | (1) | (2) | (3) | (4) | (5) |
| ln（lrdrn） | 0.00635<br>(0.0191) | — | — | — | — |
| ln（lrdnb） | — | 0.0187<br>(0.0196) | — | — | — |
| ln（gra_tot） | — | — | 0.0261**<br>(0.0108) | — | — |
| ln(gra_inv) | — | — | — | -0.000 292<br>(0.008 73) | — |
| ln（gra_uti） | — | — | — | — | 0.0256<br>(0.0160) |
| $R^2$ | 0.169 | 0.172 | 0.220 | 0.217 | 0.219 |
| Ll | 583.9 | 584.7 | 723.7 | 712.4 | 723.2 |
| N | 480 | 480 | 717 | 703 | 717 |

注：控制时间与省份固定效应；括号内为稳健标准误；** 表示在 5%的水平上显著。

### 附表 7 农业技术创新对农业 TFP 增长率的影响：分阶段回归

| | 被解释变量：农业 TFP 增长率 | | | | | | | | | |
|---|---|---|---|---|---|---|---|---|---|---|
| | 1998—2004 年 | | | | | 2005—2013 年 | | | | |
| | (1) | (2) | (3) | (4) | (5) | (6) | (7) | (8) | (9) | (10) |
| ln (rdrn) | -0.0581<br>(0.0562) | — | — | — | — | 0.0297<br>(0.0297) | — | — | — | — |
| ln (rdnb) | — | -0.0454<br>(0.0619) | — | — | — | — | 0.0452<br>(0.0349) | — | — | — |
| ln (gra_tot) | — | — | 0.0409*<br>(0.0225) | — | — | — | — | 0.0460***<br>(0.0167) | — | — |
| ln (gra_inv) | — | — | — | 0.00349<br>(0.0145) | — | — | — | — | -0.00830<br>(0.0193) | — |
| ln (gra_uti) | — | — | — | — | 0.0511<br>(0.0383) | — | — | — | | 0.0395**<br>(0.0188) |
| $R^2$ | 0.157 | 0.156 | 0.233 | 0.234 | 0.235 | 0.168 | 0.173 | 0.195 | 0.163 | 0.181 |
| Ll | 221.9 | 221.8 | 390.7 | 381.3 | 391.2 | 400.6 | 401.4 | 405.0 | 397.8 | 402.7 |
| N | 210 | 210 | 447 | 434 | 447 | 270 | 270 | 270 | 269 | 270 |

注：控制时间与省份固定效应；括号内为稳健标准误；***、**和*分别表示在1%、5%和10%的水平上显著。

附表 8 农业技术创新对农业 TFP 增长率的影响：分区域回归

| | 被解释变量：农业 TFP 增长率 | | | | | | | | | |
|---|---|---|---|---|---|---|---|---|---|---|
| | 非农业大省 | | | | | 农业大省 | | | | |
| | (1) | (2) | (3) | (4) | (5) | (6) | (7) | (8) | (9) | (10) |
| ln（rdrn） | 0.0127<br>(0.0437) | — | — | — | — | -0.0119<br>(0.0219) | — | — | — | — |
| ln（rdnb） | — | 0.0245<br>(0.0364) | — | — | — | — | 0.00933<br>(0.0281) | — | — | — |
| ln（gra_tot） | — | — | 0.0273*<br>(0.0148) | — | — | — | — | 0.0482**<br>(0.0174) | — | — |
| ln（gra_inv） | — | — | — | -0.00153<br>(0.0144) | — | — | — | — | 0.0115<br>(0.0123) | — |
| ln（gra_uti） | — | — | — | — | 0.0367<br>(0.0273) | — | — | — | — | 0.0450**<br>(0.0194) |
| $R^2$ | 0.125 | 0.129 | 0.203 | 0.198 | 0.208 | 0.373 | 0.373 | 0.302 | 0.285 | 0.296 |
| Ll | 250.3 | 250.8 | 359.2 | 348.4 | 360.4 | 376.4 | 376.3 | 380.8 | 376.3 | 379.2 |
| N | 240 | 240 | 357 | 343 | 357 | 240 | 240 | 360 | 360 | 360 |

注：控制时间与省份固定效应；括号内为稳健标准误；**和*分别表示在5%和1%的水平上显著。

# 附录5　第7章数据处理过程说明

## 1. 国家科技富民强县项目数据集处理过程

笔者搜集了2005—2010年的项目数据，其中2005—2007年，可从政府所发公文中获取所有立项项目的具体信息，包括立项年度、项目所在省份和县市，以及项目名称；而2008—2010年，只能从网上搜集到每一年的立项总数，但无法获得立项项目的具体信息，因此，只能比照2005—2007年的情况手动搜索每一年每个省份的立项情况。笔者用搜集到的2005—2010年获得“国家科技富民强县专项行动计划”资金支持的项目构建了本研究的项目数据集，2005—2010年的立项总数和可获得的项目总数，如附表9的第1列和第2列所示。在项目数据集中，笔者发现了以下三种比较特殊的情况：第一，某县（市）的一个项目同时出现在不同的两年中，这是由于许多项目由于实施效果良好而获得中央后续资金支持，因此，在3年期满后获得后续立项；第二，某县（市）在同一年份获得了两个不同的项目，这种情况在项目数据集中只出现了一次〔1〕，由于我们的观测值是以县（市）而不是项目为样本个体，且很难也没有必要分离出这两个项目各自的效果，因此删除掉了其中一个项目，来考察“国家科技富民强县专项行动计划”对该县（市）的整体政策效果；第三，某年立项的一个项目由两个不同的县（市）共同完成，这种情况在数据集中也只出现了一次〔2〕。同样基于上述原因，笔者将这个项目进行分离（视为两个不同的项目），分别考察“国家科技富民强县专项行动计划”在这两个县（市）

〔1〕 盖州市，2009年。

〔2〕 富裕县和杜蒙县，2006年。

各自的政策效果。鉴于2008—2010年有部分项目数据缺失，我们着重研究2005—2007年“国家科技富民强县专项行动计划”的政策效果，仅将2008—2010年的数据作为计量分析中处理组和控制组的分组依据。

**附表9 “国家科技富民强县专项行动计划项目”立项数**

| 年份 | 总项目数 | 可以获得的项目数 | 可用的项目数 |
|---|---|---|---|
| 2005 | 89 | 89 | 89 |
| 2006 | 134 | 134 | 134 |
| 2007 | 175 | 175 | 175 |
| 2008 | 194 | 112 | 112 |
| 2009 | 189 | 152 | 146 |
| 2010 | 192 | 103 | 102 |

数据来源：2005—2007年的政府公文及2008—2010年笔者整理。

从附表9可看出，“国家科技富民强县专项行动计划”的试点县（市）数量总体上是呈递增趋势的，2005—2010年的6年，试点县（市）增加了一倍多。而且，综观整个样本期间的项目数据，可以发现，在3年的实施期满后，又获得了后续的立项和中央专项资金支持。这可能是由于该项目对该县（市）经济的辐射效果显著，中央希望能够继续发挥其对当地经济的推动作用。这也让我们有理由做出假设：“国家科技富民强县专项行动计划”对县域经济具有积极的推动作用。

在构建项目数据集后，需要将其与2001—2010年的《中国县（市）社会经济统计年鉴》中的经济数据相匹配，由于不同年份每个县（市）的名称和行政区划不一定相同，如有的县（市）被撤销、与其他县（市）合并，有的县（市）较晚才设立，或者两个数据集中相同的县（市）名称不统一，导致无法用stata软件将这两个数据集直接进行匹配。因此，我们需要用一个统一的变量作为桥梁，来联结项目数据集与经济数据集。根据中国国家统计局公布的“最新县及县以上行政区划代码（截至 2007 年 12 月 31 日）”[1]，先将县（市）代码数据集与项目数据集的县（市）进行匹配，构造一个作为桥梁的县（市）代码（countycode）变量。同时在经济数据集中，也根据国家统计局公布的“最新县及县以上行政区划代码（截至 2007 年 12 月 31 日）”为经济数据中的每个县（市）添加代码，最后通过县（市）代码变量将项目数据集与经济数据集进行匹配。由于项目数据集中一些项目所在试点县（市）的名称为新疆生产建设兵团，这些兵团在《中国县（市）社会经济统计年鉴》无法找到与之对应的经济数据，因此，我们在匹配的时候直接将这些项目从数据集中删除。另外，由于项目数据中一些试点县（市）的名称为“市中区”或“郊区”等，无法识别它们属于哪个市的“市中区”或“郊区”，我们也将这些项目从数据集中删除。进行完这些处理后，2005—2010 年的项目总数如表 9 第 3 列所示。

在进行完上述处理后，笔者根据国家统计局公布的“国民经济行业分类与代码”[2]对 2005—2010 年所有搜集到的项目进行了分类，这种分类有两个主要目的：一是试图发现“国家科技富民强县专项行动计划”在选择试点项目时的一些规律和特点；二是为了研究政策效果的异质性，并寻找其背后的原因。每个地区都有适合自己地形特征和资源禀赋的行业（如山区比较适合发展林业，而平原则适合发展农业），因此，在不同地区和不同行业政策效果可能会不一样，造成这种异质性的原因也不尽相同。由于所涉及的项目绝大部分属于农、林、牧、渔业（A 类），我们将不属于该类的项目统一称为其他类。另外，由于 2008—2010 年的数据是由笔者手动搜集的，在一些省份，只能找到哪些县（市）被列为“国家科技富民强县专项行动计划”的试点县（市），但无法具体到每一个试点县（市）的项目名称，因此，数据集中会出现部分项目名称缺失的情况。由于在匹配

[1] http://www.stats.gov.cn/tjbz/xzqhdm/t20080215_402462675.htm。

[2] http://www.stats.gov.cn/tjbz/hyflbz/P020110819396065947514.pdf。

的过程中，对这类数据的处理方式不同于其他类的数据，因此，单独将该类数据的项目名称记为“.”。

### 2. 县（市）经济数据集处理过程

笔者搜集了2000—2010年的《中国县（市）社会经济统计年鉴》，为了将其与整理好的项目数据进行匹配，需要将该数据集整理成我们所需要的规范形式，并为每一个县（市）找到与其对应的县（市）代码。这个工作分为以下几步完成：首先，需将每一年所有省份的县（市）合并在一起，然后再把这11年的数据合并起来，并将2001—2010年的县（市）名以2007年的行政区划代码数据集中的县（市）名为标准进行统一，以方便后续的数据处理匹配工作。在这个过程中，笔者发现并更正了统计年鉴中出现的一些小错误，如一些县（市）的名称出现错别字〔1〕；两个相邻的县名重复〔2〕；一些省份的表格中用其他省份县（市）的名称代替了该省自己某些县（市）的名称〔3〕，对这些错误直接在经济数据集中进行了更正。同时，一些县（市）由于行政区划的调整而改名、撤销或较晚才设立（2007年后），笔者进行了如下处理：对于改名的县（市），将其统一改为2007年的县（市）名；对于在2007年以前撤销〔4〕或2007年以后才设立的县（市）〔5〕，我们按原名保留该县（市），但在后续处理过程中其

〔1〕 2000年、2001年、2002年和2003年的年鉴都将山东省的“蒲城县”写成了“浦城县”；2008年的年鉴把陕西省的“城固县”写成了“城同县”等。

〔2〕 2000年的年鉴中，山东省出现了两个“济阳县”、河南省出现了两个“荥阳市”，我们按照2007年行政区划代码表格中县（市）的排列顺序及该县（市）历年来的经济数据变动情况推测，第二个“济阳县”应为“商河县”，第二个“荥阳市”应为“新密市”，并在数据中做了更正。

〔3〕 2010年的年鉴中湖北省的表格中用贵州省的“普安县”“晴隆县”“贞丰县”“望谟县”“册亨县”替代了该省的“黄梅县”“麻城市”“武穴市”“嘉鱼县”和“通城县”。

〔4〕 西藏自治区的碧土县、隆格尔县、生达县；新疆维吾尔自治区的米泉市；福建省的莆田县；宁夏回族自治区的陶乐县，等等。

〔5〕 江西省的共青城市、湖北省的随县。

会因为与行政区划代码数据集匹配不上而自动被删除。其次，笔者也利用《中国县（市）社会经济统计年鉴》中列出的“主要类型区域县（市）名单”将县（市）的一些主要特征添加进了经济数据集中，以考察国家科技富民强县政策对具有不同特征的县（市）的政策效果的异质性。最后，以2007年行政区划代码数据集中的县（市）名称为桥梁，将经济数据集中的县（市）经济数据与2007年行政区划代码数据集中的县（市）行政代码匹配起来。

### 3. 项目数据集与县（市）经济数据集的匹配过程

在处理好项目数据集和经济数据集后，可以通过统计局公布的“最新县及县以上行政区划代码（截至2007年12月31日）”将两个数据集匹配，即为获得“国家科技富民强县专项行动计划”资金支持的县（市）找到对应的经济数据，以及县（市）特征（如地形、是否为贫困县、是否为少数民族县等）数据。由于我们的经济数据集包含了全国所有省市的县及县级市，按理说可以穷尽项目数据集中的所有样本。但在实际的匹配过程中，我们只成功匹配了633个县（市），仍然有76个县（市）匹配不上。究其原因，主要有以下两点：第一，一些项目所在行政区划属于市辖区或城区，与之相对应的经济数据不在《中国县（市）社会经济统计年鉴》的统计范围之内。在匹配不上的县（市）中，这种情况占了绝大多数。我们将它们保留在数据集中，但它们不进入处理组，只作为选择控制组时的分类依据。第二，一些县（市）由于与其他县（市）合并、被撤销、改名，其所辖地域发生了较大改变，并且在2007年已经无法追溯其原来的行政区域和相应的经济数据，这种情况在数据集中只出现了4次，我们将它们直接删除。最终的匹配情况见附表10。按上述过程匹配好之后的数据用来做计量分析。

**附表 10　数据集匹配情况**

| 年份 | 匹配成功样本数 | 未匹配成功样本数 |
| --- | --- | --- |
| 2005 | 81 | 6 |
| 2006 | 120 | 10 |
| 2007 | 155 | 13 |
| 2008 | 93 | 18 |
| 2009 | 123 | 21 |
| 2010 | 61 | 8 |
| 合计 | 633 | 76 |

数据来源：笔者整理。